2017年全国教育"十三五"规划青年项目：全面二孩政策下新疆民族地区0至3岁儿童保育及教育的保障机制（EHA170457）的成果之一

本书获得"伊犁师范大学学术著作出版基金"资助

本书获得伊犁师范大学学实高层次人才岗位项目资助

U0747341

0至3岁
儿童保教质量保障机制研究

0 ZHI 3 SUI ERTONG BAO-JIAO ZHILIANG
BAOZHANG JIZHI YANJIU

刘桂宏 著

中国纺织出版社有限公司

内 容 提 要

随着国家生育政策的变化，二孩和三孩的数量增加，家长对于高质量、实用性强且可触及的儿童早期保育和教育服务的需求迎来较大的上升。本研究从各利益相关者的角度切入，探究全面二孩政策下新疆民族地区0至3岁儿童保育及教育的保障机制。

首先，梳理国内外有关儿童早期保育与教育质量保障机制的相关举措，并以此作为0至3岁儿童早期保教质量保障的借鉴和参考。其次，分别探究政府、家长、早教机构、社区视角下0至3岁儿童保教质量保障的现实样态及建议。最后，基于多元共治的理论视角，根据各利益相关者的共同利益诉求，提出对于0至3岁儿童保教质量保障机制的建议。

图书在版编目（CIP）数据

0至3岁儿童保教质量保障机制研究/刘桂宏著.--
北京：中国纺织出版社有限公司，2022.12（2024.4重印）
ISBN 978-7-5229-0133-6

Ⅰ.①0… Ⅱ.①刘… Ⅲ.①幼儿教育–教育质量–
研究–新疆 Ⅳ.①G612

中国版本图书馆CIP数据核字（2022）第232123号

责任编辑：林 启　　责任校对：高 涵　　责任印制：储志伟

中国纺织出版社有限公司出版发行
地址：北京市朝阳区百子湾东里 A407 号楼　邮政编码：100124
销售电话：010—67004422　传真：010—87155801
http://www.c-textilep.com
中国纺织出版社天猫旗舰店
官方微博 http://weibo.com/2119887771
北京虎彩文化传播有限公司印刷　各地新华书店经销
2022年12月第1版　2024年4月第2次印刷
开本：710×1000　1/16　印张：14
字数：228千字　定价：98.00元

凡购本书，如有缺页、倒页、脱页，由本社图书营销中心调换

目 录

第一章 绪论

第一节 研究缘由

一、儿童早期保育与教育质量备受政府及研究者们的关注

0至3岁是儿童早期情绪、情感及社会性发展的关键期。这个阶段的儿童对家长尤其是父母具有强烈的依赖感。父母是儿童早期学习与发展的主要他人。目前，我国大多数0至3岁儿童主要是由父母或祖父母照料，也有部分家庭有偿雇佣亲戚朋友或保姆对0至3岁儿童进行全天或是部分时间的托管。"0至3岁儿童保育与教育是其家庭教育与社会教育共同作用的结果。"[1]0至3岁儿童的家庭教育一直备受政策制定者的关注。

随着社会变革的推进，0至3岁儿童的社会教育也越来越成为政策制定者及研究者们关注的焦点。为促进0至3岁儿童早期保教服务的发展，2019年国务院办公厅出台了《关于促进3岁以下婴幼儿照护服务发展的指导意见》（国办发〔2019〕15号），就0至3岁儿童保教方面提出了五项保障措施，即"加强政策支持、加强用地保障、加强队伍建设、加强信息支撑和加强社会支持"。[2]2019年，全国妇联、教育部等九部门关于印发了《全国家庭教育指导大纲（修订）》（妇字〔2019〕27号）。该文件在"0至3岁儿童的家庭教育指导"中主要从家庭喂养、生活习惯的养成、促进儿童早期感知觉发展等方面提出了家庭教育指导内容要点。国务院办公厅2020年发布的文件《关于促进养老托育服务健康发展的意见》（国办发〔2020〕52号）提到了"要健全幼有所育的政策体系。"[3]

国内已有关于0至3岁儿童保教的实证研究，聚焦于0至3岁儿童的家庭教育，如辛宏伟[4]、刘玉娟[5]、周迎亚[6]的研究。国内有关0至3岁儿童社会教育方面的研究大多主张以幼儿园为主体、以社区为依托的0至3岁早期教育的探索，如王峥[7]、吴伟俊[8]、王磊[9]。蒋永萍和陈云佩[10]、张本波（2018）[11]等在全面二孩政策下，关注0至3岁儿童社会公共养育服务体系的构建及完善，以及政府作为主体如何在0至3岁儿童社会公共养育服务体系中践行其职责与角色。

二、儿童早期保教质量是国际儿童早期保教领域的热点主题

儿童早期保教可以为儿童、父母及整个社会带来诸多的益处。然而，这些益处都是以"高水平儿童早期保教质量"为先决条件的。盲目扩大儿童早期保教服务的规模而不关注儿童早期保教质量，将不会给儿童带来学习与发展等方面的正面影响，也不会给社会带来长期效益。

近年来，国际上特别关注婴幼儿和学步儿的保教质量。"从2005年到2014年，经济合作与发展组织（Organization for Economic Co-operation and Development，OECD）成员国的调查结果表明，3岁以下儿童接受正式托育服务的比例上升了8个百分点。"[12]豪斯（Howes）等人[13]与布里托（Britto）等人[14]的研究都表明，学前教育对婴幼儿产生积极影响程度的大小主要取决于儿童早期保教机构提供的保教质量和水平。高质量的儿童早期保教不仅能促进儿童身体发育及心理的发展，而且在其社会性发展方面也呈现出比较显著的经济价值与社会补偿功能。而低质量的儿童早期保教可能不仅不会为儿童及社会的发展带来任何益处，还会对儿童及社会的发展造成不利的影响。2011年，OECD发布了《强势开端Ⅲ：早期教育和保育的质量工具箱》[15]，这份报告聚焦于儿童早期保教服务质量。该报告界定了儿童早期保教质量，并概述了国家政策制定者可以提高学前教育质量的五个政策杠杆；此外，它还为政策制定者提供了实用工具，如研究简报、国际比较、实践事例、自我反思表等，以便卓有成效地实

施这些政策。2017年，OECD发布《强势开端Ⅳ：监测儿童早期教育与保育质量》，这一报告对其二十几个成员国的儿童早期保教机构服务质量的监测、教师教学质量监测、儿童发展与表现的监测等方面进行系统的归纳与分析，并列举了一些值得借鉴的做法，总结了儿童早期保教实践中遇到的挑战以及相关经验。2018年，OECD开展了一项有关强势开端的教学与学习的国际调查（TALIS Starting Strong），涉及OECD的9个参与国，即智利、丹麦、德国、冰岛、以色列、日本、韩国、挪威和土耳其。"该调查询问了3岁以下儿童早教机构的儿童早期保教专业工作人员和领导者的特点、工作实践以及他们的儿童早期保教环境情况。"[16]蔡迎旗和王翌也分析了欧洲理事会2014年发布的《儿童早期保教质量框架关键原则的建议》，并总结出关于0至3岁婴幼儿保教服务质量的理念和举措。"欧洲国家在扩大儿童早期保教服务的可获得性、提高教师队伍质量、推动课程改革、强化监督评估、优化治理体系等方面采取了系列行动，体现出了公益性、多元化、保质量、重衔接等特征。"[17]可见，国际儿童早期保教已经掀起了关注儿童早期保教实践，尤其是0至3岁儿童的保教服务质量的热潮。

三、全面二孩政策背景下中国儿童早期保教质量问题亟待关注及解决

自2013年底中国开始施行单独二孩政策之后；党的十八届五中全会对人口与计划生育法进行了调整，中国全面二孩政策于2016年初开始在全国范围内推广实施以应对中国人口老龄化的变化趋势。在国家全面二孩政策的广泛推行之下，婴幼儿出生率会在一定范围内增加。家长尤其是父母都要参加工作，祖辈父母老龄化比较严重；加之，人们对儿童早期保教的重视程度逐渐提高，一系列因素催生了民众对于儿童早期保教服务的需求。随着婴幼儿社会公育需求的增加，招收0至3岁儿童的早期保教机构的数量日益增多。如何保障0至3岁儿童

社会保教质量这一问题也就凸显出来了。新疆维吾尔自治区在跨越式及可持续发展的过程中，儿童早期保教工作也面临同样的问题。如何贯彻及执行全面二孩政策，以及怎样保障0至3岁儿童保教质量也成为人民迫切关注的民生问题。

在中国，0至3岁儿童主要是在家庭进行养育。随着全面二孩政策的落实，以及三孩政策的推行，民众对3岁以下儿童早期社会保教服务方面的需求越来越大。但是就现状来看，儿童早期社会保教机构的数量和质量，及其他配套保障措施方面都堪忧。供需矛盾突出一直是中国0至3岁儿童早期保教中需要解决的问题。国家卫健委人口监测与家庭发展司的司长杨文庄介绍，全国现有0至3岁的婴幼儿约4200万，且未来还有继续增加的趋势。据调查，三分之一的民众"有比较强烈的托育服务的需求，但现在的实际入托率为5.5%左右，供给和需求缺口还很大。"[18]

我国儿童早期保教质量问题主要体现在以下两个方面。

（一）针对0至3岁儿童的高质量早期保教服务的供需失衡情况仍然存在

人民群众关于儿童早期保教服务在数量与质量方面的需求同目前社会提供的服务的差距较大。托育服务的供需矛盾显得尤为突出。"2018年，中国全年出生人口1523万人，较2017年减少200万人；人口出生率为10.94‰，比2017年下降1.49个千分点。"[19]随着中国全面二孩政策的推行，出生人口的数量有所增加，但是，人口出生率却在下降。其中一个主要原因是中国目前儿童早期保教质量保障机制缺失或不健全，无法满足家长多样化的儿童早教需求。儿童早期保教供需不平衡集中体现在以下几方面。①家长对高质量、普惠性且数量充足的早教机构的需求与早教市场中数量不足、收费昂贵且保教质量备受质疑与争议的早教机构是不匹配的。②弱势群体家庭希望其0至3岁儿童也能够接受高质量的早期保教服务；但是，中国尚未建立具有普惠性、包容性及公平性的0至

3岁儿童社会保教服务体系。③要二孩及准备要二孩的家长对有关二孩接受普惠性且高质量的早期保教的需求与国家政策及相应配套服务的缺失之间也存在矛盾。

（二）各核心利益相关主体之间缺乏有机联动

儿童早期保教质量保障需要多个利益相关者共同参与，彼此相互协商，对高质量早期保教达成共识并承担起相应的责任。但是，目前中国儿童早期保教的各利益相关者在早期保教质量保障方面表现出一种"自我中心"的倾向，即只关注其所负责的关于早期保教质量保障的本职工作，各利益相关者之间相对缺乏协调与联动。早教机构尤其是私立加盟早教机构在利益最大化的驱动之下更关注引进先进的早教理念、设立与国际同步的早教课程，以及开展多样化的亲子互动活动等，吸引更多家长参与其中并为之买单。但是，这类早教机构相对忽视与其所在社区的工作人员及家长的沟通，无法依据家长的多样化早教需求对其课程设置、教师培训及服务与管理方面的内容进行改进。高等院校一直着力于学前教育教师培养的不断改革，但是，缺乏与用人单位及早教机构就其培养的早教教师是否能够胜任0至3岁儿童的保教工作进行沟通与协商。社区缺乏与家长、早教机构及医院的沟通与联动。

卡茨（Katz）建议从四个角度，"即自上而下的研究员的专业视角、员工的视角、儿童的视角及家长的视角阐述儿童保教质量的概念。"[20]德博拉（Deborah Ceglowski）与基娅拉（Chiara Bacigalupa）发现从专业的研究人员的角度对儿童早期保教质量做出的探讨占主导地位，建议今后更多地从家长和早教工作人员的视角探究儿童早期保教质量[21]。除了政府与高等院校的相关人员，家长、早教机构管理者、社区工作人员等站在各自不同立场上对儿童早期保教有不同的需求和价值观，他们关于儿童早期保教的质量保障也有不同的观点。故而，综合考虑儿童早期保教质量的各个核心利益相关者，如服务提供者、家长、教育者等关于儿童保教质量保障的利益诉求是必要性的。

四、新疆地区应注重0至3岁儿童保教质量保障

《国务院关于当前发展学前教育的若干意见》（国发〔2010〕41号）明确要求自2010年起，各省（自治区、直辖市）以县为单位编制实施学前教育三年行动计划。保障及提高西部地区儿童的早期保教质量是人力资本投资回报率较高的项目之一。中国西部地区的0至3岁儿童早期保教发展中普遍出现养育主体意识淡薄及养育行为不科学等问题；0至3岁儿童早期保教发展条件也存在问题。例如，"高质量的儿童早期保教社会服务供不应求；0至3岁儿童早期保教发展制度方面的问题；行业管理规范不足及资金匮乏"等[22]。新疆地区教育改革势在必行，尤其是在学前教育方面还需要关注0至3岁儿童早期保教质量的保障及提升。

近几年，新疆各地区正在全面贯彻、积极落实学前教育三年行动计划的经费投入、人员编制和土地供给等方面的问题。新疆地区目前已经形成了"广覆盖、保基本、有质量的自治区学前教育公共服务体系"[23]，基本建立学前教育经费保障机制，重点解决儿童入园难及就近入园等方面的问题。但是，近几年新疆各地区正在大力发展公办幼儿园；幼儿园一般主要招收3岁半至6岁半年龄段的儿童。新疆地区的3至6岁儿童入园的数量已经达到了国家的要求；但是，针对0至3岁儿童的早期保教服务的托育机构则相对较少，且0至3岁儿童早期保教质量未得到足够重视。

近几年，新疆城市地区的早教机构或早教中心如雨后春笋般日益增多。但是，新疆地区的儿童早期保教仍然不能解决家长育儿与其工作的时间冲突。比较令人担忧的是新疆地区0至3岁儿童早期保教质量管理及保障的主体还不明确。新疆地区婴幼儿家庭养育质量参差不齐，形形色色的早教机构市场化色彩浓厚且缺乏有效的监督、测评与管理，这些都影响了新疆地区0至3岁儿童早期保教的整体质量。

第二节 研究综述

关于儿童早期保教的大多数研究都聚焦于学前教育阶段，即从出生至入小学前这段时间，为促进儿童全面且富有个性的发展提供的所有保教措施。本研究中的儿童早期保教主要聚焦于0至3岁儿童的家庭保育和社会公育，既包括针对0至3岁儿童身体和心理方面的保育，也包括为促进0至3岁儿童的早期学习、认知（尤其是感知觉）、情绪及社会性等方面发展提供适宜的教育。本研究有两个核心概念，即儿童早期保教质量与利益相关者。具体界定如下：

一、核心概念界定

（一）儿童早期保教质量

近年来，国外大量研究聚焦于探究儿童早期保教的结构质量与过程质量的关系。哈姆雷（Hamre）与皮安塔（Pianta）的研究发现，儿童保教结构质量与工作人员的正规教育、培训与交流以及他们对儿童互动的敏感性是有关的，这又进而影响其过程质量[24]。汤姆森（Thomason）和帕罗（La Paro）发现了工作人员与儿童的比例与保教过程质量也是有联系的[25]。英格丽德·米德泰德·劳肯（Ingrid Midteide Løkken）等人也探究了儿童早期保教中两种结构质量因素与其过程质量的关系[26]。研究结果显示，规模较小而稳定的团队组织形式与较高的互动质量有关，而工作人员与儿童的比例和互动质量的关系则因内容维度的不同而不同。

不同的学者会从不同的视角界定儿童早期保教质量的内涵和外延。1992年，卡茨从几种不同的视角阐述儿童早期保教项目质量的定义[20]：

第一种是自上而下的视角。儿童早期保教质量主要涉及以下内容：成人与儿童的比例、工作人员的资质和稳定性、成人与儿童关系的特征、设备和材料的数量和质量、每个儿童活动空间的数量和质量、健康/卫生程序和标准、员工的工作条件等。

第二种是自下而上的视角。即认为儿童关于早教课程及服务的主观体验是其效果的真正决定因素。儿童早期保教质量主要涉及以下内容：儿童在早期保教环境中是否感到被接受、被理解和被保护；在早教活动中儿童是否感到有趣且富有挑战性；儿童在早期保教环境中的体验是否令人满意；在早期保教环境中儿童是否有集体归属感，即感到自身被某个群体理解及接受。

第三种是从外到内的视角。儿童早期保教项目的质量主要包括三个方面：同事之间的关系、早教工作者与家长的关系，以及早教工作人员与早教机构负责人的关系。①同事之间关系方面的特征，主要涉及以下方面的内容：同事之间的关系是否是支持性的，能否在早教工作中相互合作、互帮互助；同事之间是否相互接纳、尊重彼此并相互信任；同事之间能否相互分享儿童早期保教经验，并相互研讨早教工作中的问题和困惑。②关于早教教师和家长关系方面的特征，主要涉及以下内容：儿童家长及早教教师之间是否彼此尊重，相互包容、接纳及宽容；儿童家长及早教教师是否彼此就儿童的学习与发展方面的进步或问题进行有效沟通和交流，并共享儿童保教的价值观与教育教学观等。③早教工作人员与早教机构负责人关系的特征，主要涉及以下方面的内容：早教机构负责人提供的工作环境及条件是否足以激励早教工作人员提高专业知识、技能以及职业承诺等；早教负责人是否熟悉各种早教相关的政策、法律和法规，并为早教工作人员从事早教工作提供支持和帮助。

卡茨认为，儿童早期保教质量是一个"相对的概念，质量的定义可以更窄，也可以更广，这取决于儿童早期保教相关的群体，即儿童、父母、家庭、雇主、提供者和社会的不同需求和价值观"。1993年，卡茨又从四个方面提出儿童早期保教的质量，即研究人员的角度、儿童早期保教中家长的视角、儿童早期保教工作人员的视角，以及儿童早期保教中的儿童视角。但是，目前基于研究人员或专业人士视角研究儿童早期保教质量居多，主要侧重于儿童早期保教计划方面；儿童早期保教结构质量包括团队规模、员工资格和经验水平，以及儿童与教师比例等。儿童早期保教工作人员关于儿童早期质量的看法，主要包括与行政人员关系、与大学关系、与父母关系及与担保人关系等。但是，从家长视角以及从儿童视角定义儿童早期保教质量的研究并不多。

2002年，儿童早期保育研究网络（Early Child Care Research Network，ECCRN）提到，通过将儿童早期保教的结构特征与近端过程（过程质量）以及随后的儿童社会和认知结果（结果质量）联系起来，阐明这些质量因素之间的联系[27]。儿童早期保教的结构质量是更远端的儿童早期保教的质量指标，往往是儿童早期保教系统中比较容易管制的方面，例如儿童与工作人员的比例、小组规模和工作人员资格认证等。儿童早期保教的过程质量关系到儿童日常生活经历的更近端的儿童早期保教质量指标，涉及早教机构工作人员和儿童的社交、情感、身体及教学方面的互动，儿童与空间和材料的互动，儿童间的同伴互动，以及工作人员和父母之间的互动等。儿童早期保教的结果质量主要涉及婴幼儿学习与发展的结果。

我国学者夏莹认为，0至3岁儿童保教是家庭教育与社会教育共同作用的结果[1]。儿童早期保教质量也是由儿童早期家庭方面的保教和社会方面的保教这两部分组成的。儿童早期家庭养育主要包括，父母、祖父母或是亲戚朋友等帮助照顾0至3岁儿童的一日生活，及开展的早期学习引导与教育活动等。儿童早期社会保教主要涉及早教机构或附属于幼儿园的早教中心的儿童日常保教服务的质量，以及其他社会机构，例如医院、高校或学前教育协会等社会组织提供的儿童早期学习与发展方面的咨询服务等。

本研究认为，儿童早期保教质量主要涉及儿童早期家庭养育和儿童早期社会公育两方面；而且涉及各个核心利益相关者，即与政府、早教机构、家庭以及其他社会机构关于儿童早期保教质量的认识与理解。

（二）利益相关者

20世纪中期，欧美发达国家企业面临现实困境，即强调股东至上而忽视了企业其他利益相关者的需求，造成了企业发展的困境。基于此，斯坦福大学研究小组于1963年基于研究首次提出了"利益相关者"的概念，即企业生存和发展所依赖的个人或组织。1984年弗里曼在《战略管理：利益相关者方法》中提到，"利益相关者是能够影响组织目标实现的人或组织，或能够为组织目标实现所影响的人或组织。"[28]唐纳森（Donaldson）和普雷斯顿（Preston）将利益相关者概念划分为描述性、工具性和规范性部分[29]。描述性利益相关者理论是描述组织如何管理利益相关者或与利益相关者互动；规范性利益相关者理论则规定组织应该如何对待利益相关者；工具性利益相关者理论则涉及如何让公司利益最大化，管理者应该关注核心利益相关者的需求及意见。

有关利益相关者分类的相关研究如下：弗雷德里克（Frederick）根据"利益相关者对企业的影响方式不同，将利益相关者分为直接的利益相关者和间接的利益相关者。"[30]惠勒（Wheeler）"将利益相关者分为四类：主要的社会性利益相关者，次要的社会利益相关者，主要的非社会利益相关者，次要的非社会利益相关者。"[31]

美国学者米切尔（Mitchell）和伍德（Wood）认为，每个利益相关者拥有三个关系属性中的一个或多个：权力、合法性和紧迫性[32]。他们将企业的利益相关者分为三种类型：全权委托利益相关者（discretionary stakeholders），同时拥有合法性、权力性和紧迫性；预期利益相关者（dormant stakeholders），拥有三种属性中任意两种；潜在利益相关者（latent stakeholders），他们只具备三种属性中的一种。陈宏辉和贾生华"从主动性、重要性和紧急性这三个维度，将企业众多利益相关者划分为核心利益相关者，蛰伏利益相关者和边缘利益相关者三种类型。"[33]

综上所述，本研究主要从规范性层面和工具性层面界定利益相关者。利益相关者是指，与0至3岁儿童早期保教质量相关的核心利益群体及其相互间的关系。例如，政府及相关部门、0至3岁儿童家长、早教机构及社区等。

二、相关研究及述评

0至3岁是人身心发展的关键期，抓住教育契机并给予婴幼儿高质量的早期保教有助于开发儿童潜能，并为其终身教育奠定基础。21世纪以来，OECD就各成员国儿童早期保教政策导向与实践展开大规模调研，并先后出台了强势开端系列报告。2020年OECD出版了《为3岁以下儿童提供优质的早期保教服务——源自2018年强势开端调研结果》。[16]这表明，儿童早期保教已经成为国际学前教育关注的焦点。自中国全面二孩政策推行以来，儿童早期保教也成为社会公众热议的焦点。2019年，国务院办公厅发布的《关于促进3岁以下婴幼儿照护服务发展的指导意见》（国办发〔2019〕15号）指出："3岁以下婴幼儿照护服务是生命全周期服务管理的重要内容，事关婴幼儿健康成长，事关千家万户。"这凸显了儿童优先发展的原则，并呼吁为婴幼儿的健康发展提供优质的儿童早期保教服务。

基于政策的支持与导向，近年来国内外学者纷纷以儿童早期保教为主题开展研究。本研究主要采用可视化软件CiteSpace探究21世纪国内外儿童早期保教研究概况、热点主题和前沿演进并进行对比分析，为中国未来儿童早期保教研究提供借鉴和参考。

（一）数据来源及研究方法

国外儿童早期保教的研究数据来源于Web of Science核心合集数据库。搜索的时间范围是2000~2020年，文献类型选择论文，语种为英语，以"care and education of infant and toddler"和"prekindergarten children's care and education"为主题；剔除医学类和经济类文献及重复文献，截至2021年1月9日共收集有效文献217篇。国内儿童早期保教的研究数据来源于CNKI数据库的北大核心和

CSSCI；时间跨度为2000~2020年，以"婴幼儿教育"与"0至3岁儿童教育"为主题；剔除医学、卫生等文献，共计121篇有效文献。

运用CiteSpace5.7.R2可视化软件分别对国内外儿童早期保教相关的关键词及研究文献进行共被引，探究21世纪国内外儿童早期保教的主要研究作者、区域、研究机构、研究热点及前沿演进。

（二）儿童早期保教的研究概况

1.研究作者的分布情况

探究国内外儿童早期保教的研究作者可以理解该领域具有较高学术贡献的核心作者。核心作者及其主要研究主题构成了该领域的主要研究内容及未来研究方向。

在CiteSpace中选择"作者"选项，分别针对国内和国外主要的相关文献进行共被引作者合作网络分析，结果如表1-1所示。儿童早期保教单作者最高发文量是4篇，作者是艾莉亚·安萨里（Arya Ansari），其余作者发文量均为2篇。丽贝卡·莱文·科利（Rebekah Levine Coley）的中介中心性为0.01，这表明该作者在儿童早期保教研究领域有一定影响力。该作者的研究领域聚焦于低收入儿童参与社会公共托育服务及家庭托育等方面。其余作者的中介中心性均为0，这表明他们在儿童早期保教领域尚未形成一定影响力。追踪检索发现，这些作者的研究领域不太聚焦，但都涉及儿童早期学习、儿童入学准备、儿童早期保教质量等方面。

表1-1　儿童早期保教研究的主要作者

序号	作者	中心性	篇数
1	艾莉亚·安萨里	0.00	4
2	丽贝卡·莱文·科利	0.01	2
3	伊丽莎白·沃特鲁巴德	0.00	2
4	达芙娜·巴索克	0.00	2
5	克莱尔·德·瓦洛顿	0.00	2

续表

序号	作者	中心性	篇数
6	卡罗莉·豪斯	0.00	2
7	拉斯穆斯·克莱普	0.00	2
8	罗伯特·皮安塔	0.00	2
9	希拉·德戈塔迪	0.00	2
10	詹妮弗·索姆森	0.00	2
11	周亚君	0.00	2
12	廖贻	0.00	2
13	教育部"科学教育"总课题组	0.00	2
14	李庆安	0.00	2
15	杨丽珠	0.00	2
16	董光恒	0.00	2
17	陈佳宁	0.00	2
18	宋研萍	0.00	2
19	严仲连	0.00	2
20	索长清	0.00	2

2.研究国家的分布情况

为了解儿童早期保教研究领域中具有重要影响力国家,在CiteSpace里选择"国家"为关键节点分析源自WOS核心合集数据库的相关文献,结果如表1-2所示。按照发文量由高到低排列依次为:美国、澳大利亚、英国、荷兰、德国、挪威、加拿大、中国。按照中介中心性值由高到低排列依次为:荷兰、德国、挪威、美国、英国、澳大利亚、加拿大及中国。综合发文量和中介中心性,美国、英国、法国和西班牙这四个国家在儿童早期保教研究中具有较大的影响力。中国也开始在儿童早期保教研究的国际舞台中占有一席之地,即研究文献的数量逐渐增加。

表1-2 儿童早期保教研究的主要国家

序号	国家	中心性	篇数	序号	国家	中心性	篇数
1	美国	0.48	134	2	澳大利亚	0.00	25

续表

序号	国家	中心性	篇数	序号	国家	中心性	篇数
3	英国	0.48	6	6	挪威	0.76	4
4	荷兰	0.86	6	7	加拿大	0.00	2
5	德国	0.76	4	8	中国	0.00	2

3.研究机构的分布情况

在CiteSpace里选择"机构"为关键节点对WOS核心合集数据库的文献进行分析，以了解儿童早期保教研究领域具有一定影响力的研究机构，结果如表1-3所示。发文量在4篇及以上的是美国弗吉尼亚大学、美国卡罗莱纳大学、美国哥伦比亚大学、澳大利亚麦考瑞大学、美国纽约大学、中国沈阳师范大学。这些机构在儿童早期保教研究领域具有一定影响力。弗吉尼亚大学的中介中心性为0.04，卡罗莱纳大学的中介中心性为0.05；这表明这两个机构在该领域的影响力最高，引领儿童早期保教研究领域的学术前沿。通过知识图谱中节点间的连线可知，弗吉尼亚大学与卡罗莱纳大学之间存在合作关系，但尚未形成较广泛的合作网络。

表1-3 儿童早期保教研究的主要机构

序号	机构	中心性	篇数	序号	机构	中心性	篇数
1	弗吉尼亚大学	0.04	17	4	麦考瑞大学	0.00	6
2	卡罗莱纳大学	0.05	13	5	纽约大学	0.00	4
3	哥伦比亚大学	0.00	8	6	沈阳师范大学	0.00	4

（三）儿童早期保教研究的热点主题

关键词是对某一研究领域主要内容的浓缩和提炼。使用CiteSpace软件对国内外儿童早期保教研究文献中关键词出现的词频及共现聚类进行分析，以了解该领域的研究热点主题。

1.国外儿童早期保教研究的热点主题

对WOS核心合集数据库文献进行关键词的词频统计及共现聚类分析，并绘制国外儿童早期保教领域高频关键词共现知识图谱（图1-1）。按照关键词频次及中心性整理如表1-4所示，除去相近高频词，如先学前期、教育、保育、儿童保育、儿童早期教育；质量、课堂质量、保育质量、入学准备、语言、学业成就、教师、专业发展和师幼互动反映了国外儿童早期保教研究的主要内容；且这些高频关键词的中介中心性都大于0.01，这表明这些关键词节点在儿童早期保教研究网络中处于重要地位。

运用LSI算法对国外儿童早期保教研究的关键词进行聚类分析，共得到6个聚类。其Q值为0.4572，大于0.3，意味着聚类结构显著；S值为0.83，大于0.7，意味着聚类令人信服。根据聚类情况与高频关键词，可以将其归为三个研究主题，即儿童早期保教质量概述、儿童早期保教质量与儿童入学准备、儿童早期教师专业发展，如表1-5所示。

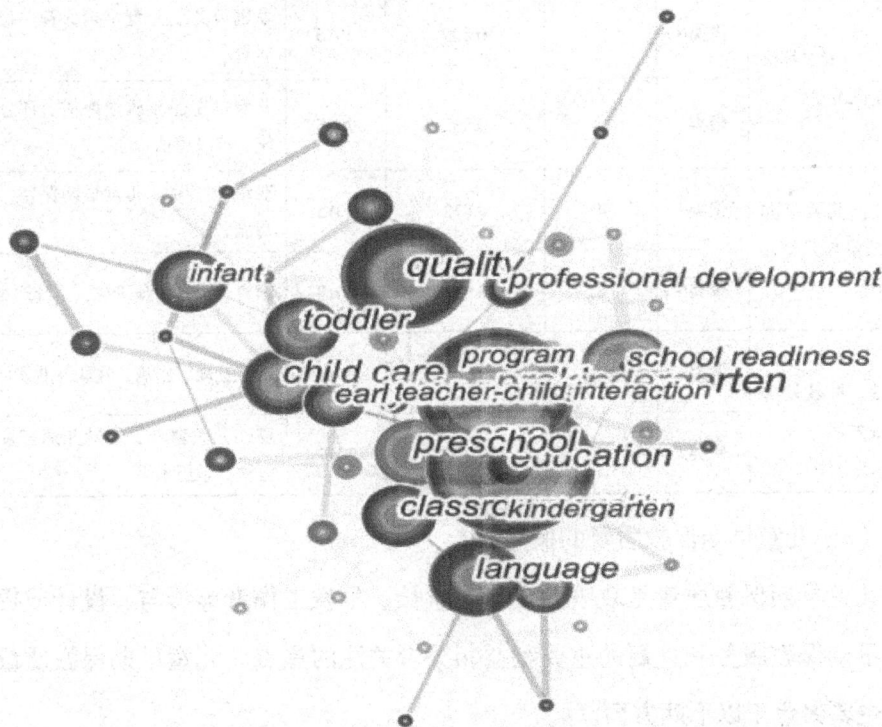

图1-1 国外儿童早期保教领域高频关键词共现知识图谱

表1-4　国外儿童早期保教领域的高频关键词

序号	关键词	中心性	频次	序号	关键词	中心性	频次
1	先学前期	0.48	49	8	儿童保育	0.33	22
2	教育	0.33	48	9	儿童早期教育	0.10	15
3	质量	0.44	38	10	教师	0.02	13
4	保育	0.21	27	11	专业发展	0.20	11
5	入学准备	0.11	27	12	师幼互动	0.10	7
6	课堂质量	0.19	26	13	保育质量	0.08	7
7	语言	0.22	26	14	学业成就	0.01	3

表1-5　国外儿童早期保教领域的研究主题与聚类

研究主题	聚类	关键词数量（size）	轮廓值（silhouette）	平均发表年份（年）	主要标志词（Top term）
主题1：儿童早期保教质量概述	聚类0	13	0.809	2016	家庭育儿、儿童早期保育、过程质量
	聚类2	10	0.802	2015	儿童早期保教质量评估、评分系统、等级评估
主题2：儿童早期保教质量与儿童入学准备	聚类4	4	0.872	2015	双语拉丁裔、儿童早期保育、读写能力
	聚类5	4	0.886	2018	教育、语言干预研究、系统调查
主题3：早教教师的专业发展	聚类1	12	0.906	2015	师生互动、影响、在职专业发展
	聚类3	7	0.722	2017	婴幼儿教育者、婴幼儿语言发展方法、学历水平

（1）儿童早期保教质量的概述

儿童早期保教质量是政策制定者、家长、早教工作者等参与、设计或提供儿童早期保教服务和计划的重要利益相关者关注的焦点。儿童早期保教质量的研究主要聚焦于以下两方面。

第一，儿童早期保教质量的界定。

儿童早期保教质量是一个主观的、基于价值的、相对的和动态的概念。至今，儿童早期保教质量尚未有一个全球公认的界定。2002年，儿童早期保育研究网络通过将儿童早期保教质量的结构特征（结构质量）与近端过程（过程质量）以及儿童社会和认知结果（结果质量）联系起来，并阐明这些质量因素间的联系[27]。儿童早期保教结构质量是较远端的质量指标，例如儿童与工作人员的比例、小组规模和工作人员资格认证等；且与政府资助、教育和卫生政策相关。儿童早期保教过程质量则是更近端的质量指标，涉及早教工作人员和儿童的互动、儿童与空间和材料的互动、儿童间同伴的互动，以及工作人员和父母间的互动等。儿童早期保教结果质量关涉婴幼儿学习与发展。

学者们普遍认同儿童早期保教的结构质量、过程质量与结果质量间相互影响，认同儿童保教结构质量对其过程质量的影响。哈姆雷（Hamre）与皮安塔（Pianta）[34]、汤姆森和帕罗[25]、劳肯等人[26]通过实证研究发现，儿童早期保教结构质量对其过程质量产生影响。例如，儿童保教结构质量中工作人员的正规教育、培训与交流影响过程质量中教师与婴幼儿的互动质量。也有研究发现，儿童早期保教过程质量中的一些指标，如"教师与儿童互动质量与课程等对学前儿童学习与发展结果产生了一定影响"[35]。

近年来，国外大量研究聚焦于探究儿童早期保教的结构质量与过程质量的关系。哈姆雷与皮安塔研究发现，儿童保教结构质量中工作人员的正规教育、培训与交流及其对儿童具有更高的敏感是有关的，进而影响其过程质量[34]。汤姆森和帕罗发现了工作人员与儿童的比例与过程质量也是有联系的[25]。劳肯等人也探究了儿童早期保教（Early Childhood Education and Care，ECEC）中的两种结构质量的因素与其过程质量的关系[26]。他们的研究结果发现，"小而稳定的团队组织形式与较高的师幼互动质量有关，而工作人员与儿童的比例和互动质量则因内容维度的不同而不同。"

第二，儿童早期保教质量的测评。

儿童早期保教质量测评是其质量提升议程中主要组成部分，也为政策制定者、儿童早期保教中心及家庭提供有价值的反馈。

测评儿童早期保教结构质量和结果质量是比较容易，可以通过查询大平台数据统计，以及运用信效度较高的问卷及测验展开调查。但是，儿童早期保教过程质量涉及一些动态与可变的要素，故而其测评比较困难。用于儿童早期保教质量的测评工具种类繁多，比如婴幼儿环境等级量表（修订版）（Infant/Toddler Environment Rating Scale: Revised Edition）、儿童早期课堂观察措施（Early Childhood Classroom Observation Measure）、儿童早期环境评估量表（修订版）（Early Childhood Environmental Rating Scale: Revised）、儿童照顾者互动量表（Child Caregiver Interaction Scale）及课堂评估评分系统（The Classroom Assessment Scoring System，CLASS）。目前，由权威机构开发，儿童早期保教实证研究使用频率较高且有较高认可度的是CLASS，它是一种旨在评估学前课堂质量的观察工具。CLASS主要测评三个方面质量：情感支持（包括积极的氛围、消极的氛围、老师的敏感性、尊重学生的观点），课堂组织（包括行为管理、生产率、教学形式）和教学支持（包括概念的发展、质量反馈、语言建模）[36]。

虽然运用了权威的测评工具，儿童早期保教过程质量测评的有效性仍然有待斟酌。凯伦·索普（Karen Thorpe）等人认为，测评时间、观察的活动形式和内容可能会造成儿童早期保教过程质量评估结果的偏差。结果显示，"上午的CLASS分数最高，中午时CLASS分数下降，然后趋于稳定，CLASS分数稳定后下降；观察婴幼儿正餐和零食、个人时间、日常活动和其他形式时CLASS得分会降低；相反，观察老师开展婴幼儿集体活动等环节时CLASS的得分会上升。"[37]儿童早期保教质量的测评通常是观察者对某个时段早教教师的言行、师幼的互动及早教教室环境的概括性评估。越来越多的研究表明，班级中儿童的构成也会影响儿童早期保教质量测评的有效性。例如，班级中残疾儿童的比例[38]，有行为问题的儿童比例[39]，来自社会经济水平较低家庭背景的儿童的比例[40]等都会影响儿童早期保教过程质量的测评得分。

儿童早期保教过程质量测评工具仍然存在局限：①一次性的观察通常较难捕捉儿童早期保教质量的真实情况；②也较难关照到每个儿童的保教经历；③它们通常适用于受政府管制或资助的正式早教中心，是否适用于非正式环境早教质量评估有待斟酌。

（2）儿童早期保教质量与入学准备

高质量儿童早期保教有助于儿童做好入学准备，为其更好地适应学校的学习与生活奠定基础。师幼互动是儿童早期保教过程质量的组成部分，与儿童入学准备密切相关。布里奇特·哈姆雷（Bridget Hamre）等人[41]和莱瓦（D Leyva）等人[42]的研究证明，高质量师生互动能预测学前儿童语言、写作及算术成绩。豪斯（Howes）等人[13]与马什本（Mashburn）等人[43]的研究都表明，师生互动质量与学前儿童社会成就之间存在关联。高质量的儿童早期保教更有助于应对因贫困给婴幼儿认知、情感、行为及入学准备带来的风险和威胁。玛格丽特·伯钦纳（Margaret Burchinal）等人的研究发现，高质量师幼互动预示着儿童较高水平的社交技能和较低水平的行为问题[44]。

也有研究表明，儿童早期保教质量对其未来的数学和语言成绩及社会性发展水平的影响较小[45]。这表明，儿童早期保教质量对儿童入学准备的影响有一定阈值范围。扎斯洛（M Zaslow）等人认为有两种可能性：一种可能性是儿童早期保教质量达到或高于某个（较高）水平（即高于阈限值）时，儿童才可能开始受益；另一种可能性是儿童早期保教质量超过了某一阈限值的最高上限，儿童早期保教质量水平提高对儿童发展结果不再产生影响[46]。

（3）早教教师的专业发展

美国国家儿童健康与人类发展研究所（National Institute of Child Health and

Human Development，NICHD）的报告显示，教师素质是高质量儿童早期学习计划中最一致的强有力预测指标[27]。在家庭托育及早教中心，早教教师参与较多职前培训且具备较高职前资质与早教教师在早教实践中提供较高水平的情感、教学和组织互动行为有关。可见，专注于早教教师持续的专业发展是保障及提高儿童早期保教质量的有效方法之一。

职前资格与早教教师同0至2岁儿童间的互动之间有很强的关联性[47, 48]。学者们普遍更关注围绕高质量儿童早期保教，开展提升早教教师关键教学和互动技能的在职培训。当在职培训涉儿童早期保教内容时，其专业素养与师幼互动质量的关联性更强。富金克（Fukkink）等人[49]与哈姆雷（Hamre）等人[50]认为，早教工作者的在职培训或专业发展项目始终与过程质量中的师幼互动密切关联，并主张在职培训课程中加入与师生互动相关内容。苏珊·诺曼（Susan Neuman）的研究发现以实践为基础的专业发展可以提高教师的语言和读写水平，进而影响师幼互动质量[51]。

尽管早教教师的职前教育与在职培训有助于提升其专业素养；但是，早教教师的专业素养与其过程质量及儿童学习与发展结果间并不是简单的线性关系，可能还存在某些中介变量。

2.国内儿童早期保教研究的热点主题

对来自CNKI数据库中的121篇核心文献进行关键词词频统计及共现聚类分析。高频关键词能够反映21世纪以来中国儿童早期保教研究的主要内容。儿童早期保教研究的高频关键词如表1-6所示，除去相近的高频词，如早期教育、婴幼儿、学前教育；托育服务、农村婴幼儿、家庭教养、学习与发展等关键词都反映了该领域近期关注的研究内容。这些关键词的中介中心性都是0，这表明研究还处于初步阶段，尚未形成一定影响力。运用LSI算法对国内儿童早期保教研究的关键词进行聚类分析，共得到6个聚类。其Q值为0.6296，大于0.3，意味着聚类结构显著；S值为0.8389，大于0.7，意味着聚类令人信服。根据聚类情况与高频关键词进行聚类分析，并结合具体研究内容，将国内儿童早期保教研究内容归为四个主要研究主题：儿童早期托育公共服务体系、儿童早期家庭养育、儿童早教教师专业化、儿童早期学习与发展及借鉴，具体如表1-7所示。

表1-6　国内儿童早期保教领域高频关键词

序号	关键词	中心性	频次
1	早期教育	0.32	16
2	婴幼儿	0.10	10
3	学前教育	0.10	6
4	托育服务	0.00	4
5	早期干预	0.00	2
6	婴幼儿照护	0.00	2
7	农村婴幼儿	0.00	2
8	家庭教育	0.00	2
9	状况研究	0.00	2
10	家庭教养	0.00	2
11	学习与发展	0.00	2
12	学习品质	0.00	2
13	美国	0.00	2
14	农村家长	0.00	2

表1-7　国内儿童早期保教领域的研究主题与聚类

研究主题	聚类	关键词数量	轮廓值	平均发表年份(年)	主要标志词及高频关键词
主题1：儿童早期保教公共服务体系	聚类1	2	0.856	2017	专业建设"幼有所育的公共服务体系"、托育服务、婴幼儿保育

续表

研究主题	聚类	关键词数量	轮廓值	平均发表年份（年）	主要标志词及高频关键词
主题2：儿童早期家庭养育	聚类2	2	1	2009	城市农民工母亲的婴幼儿早期教育行为态度的调查、家庭教育、家庭教养、农村婴幼儿、农村家长
主题3：儿童早期教师专业化	聚类0	4	0.75	2010	基于专业标准的儿童早期发展保教师及其核心知识能力框架研究
主题4：儿童早期学习与发展标准的借鉴	—	—	—	—	学习与发展、学习品质、早期干预、美国

（1）儿童早期保教公共服务体系

全面二孩政策推行过程中，社会公众对婴幼儿托育公共服务体系构建有强烈的需求，这也是解放中国妇女劳动力及减轻家庭养育压力的重要举措之一。

一方面，此类研究主要从发达国家汲取有益经验，借鉴国际经验突破中国托育服务体系构建的困境及难题。例如，借鉴日本的企业主导型托育服务体系的构建及运行[52]；借鉴德国从家庭育儿模式向社会公共托育模式转变过程中托育服务质量提高的系列措施[53]。另一方面，儿童早期保教托育体系构建还需关照中国国情。庞丽娟等人从政策层面剖析中国托育公共服务构建[54]。也有研究者回顾中国托育服务发展历程[55]，探究婴幼儿托育服务体系的现状[56]并倡导构建政府、社会与市场多元共治的普惠性托育服务体系。研究者们都赞同社会各界积极主动参与到儿童早期保教服务体系构建中。

（2）儿童早期的家庭养育与社会公育

婴幼儿身心发展与家庭养育密切相关，家庭对婴幼儿的影响最早也最持久。目前，中国3岁以下儿童主要以家庭养育模式为主。婴幼儿养育主体是家庭；但是，社会支持体系与家庭养育需求的匹配程度会影响家长关于3岁以下儿童的养育质量。目前，中国0至3岁儿童家庭养育的社会支持体系尚不完善，0至3岁儿童家长普遍都有关于健全社会托育体系及加强育儿指导等共性需求。

国内已有关于0至3岁儿童保教的实证研究聚焦于0至3岁儿童的家庭教育方面，如辛宏伟[4]、刘玉娟[5]、周迎亚[6]的研究。新时代家庭结构多元化，妇女劳动参与率提高，这些都为家庭养育带来了挑战和风险，尤其是经济发展较落后的农村贫困地区家庭。中国贫困农村0至3岁儿童早期发展比较滞后，且家庭养育质量普遍不高。随着二孩政策的推行，二孩家庭养育现状不容乐观，洪秀敏的调查发现，二孩家庭育儿压力更大，一孩家庭的家庭适应性及积极教养现状显著好于二孩家庭[57]。

国内也有关于0至3岁儿童社会教育方面的研究。如以婴幼儿园为主体，以社区为依托的0至3岁儿童早期保教的探索，如王峥[7]、吴伟俊[8]、王磊[9]的研究。而且，国内已有相关研究主要从早教机构提供的儿童早期保教服务机构运营的现状探究0至3岁儿童的社会保教服务质量。

（3）儿童早教教师专业化

中国儿童早期社会托育服务质量与早教教师的专业化程度密切相关。早期保教的快速发展对早教教师质量提出了新要求；但是，目前中国早教教师的职前教育与在职培训无法与之匹配。黄振中等人也认同早教教师专业化的重要性，并基于专业标准构建了中国儿童早期保教教师的核心知识与能力体系[58]。蔡迎旗等人认为，需在学理层面厘清早期教育专业师资的称谓、专业标准、课程目标、从业资格认证等[59]。

发达国家，例如英国和美国在儿童早期教育者专业化建设方面有值得借鉴的经验。例如，儿童早教工作人员的专业素养的研发、从业资格认证标准以及专业资质认证的流程等方面。吕雪娇等人分享了英国早期工作者的资格和学分框架[60]。陈琪等人介绍了英国诺兰德学院培养家庭早教专业人才系列方案及特色[61]。这为中国早教教师职前培养的专业学习与资质考核提供参考。刘桂宏等人探究了美国早期教育者专业知识及能力的研发过程、特征及对中国的借鉴意义[62]。

（4）儿童早期学习与发展的标准

婴幼儿的学习与发展，为儿童未来身心健全发展奠定基础。2012年，教育部颁布并贯彻落实了《3～6岁儿童学习与发展指南》，正在为0至3岁儿童学习与发育指南，以及儿童早期保教服务体系的构建积极筹备。

目前，国外学界普遍认为0至3岁儿童学习与发展主要包括：身心健康、学习品质、语言和阅读、科学与技术、社会与情感、艺术等基本领域。国外普遍关注儿童早期学习与发展评估体系的研发。其评估体系主要包括：评价目的、内容、标准、程序及结果运用等。美国儿童早期学习与发展的评估以儿童综合学习与发展为导向，囊括特殊儿童早期学习与发展的评估[63]。英国儿童早期学习与发展评价内容关注儿童早期的一般领域和特殊领域[64]。专业团队和家长共同参与评估过程并采用多元循证的评估方法以保证评估的公平、公正与公开。评估结果向利益相关者公布并准许使用，例如政策制定者根据大数据评估结果制定与改进相关政策；教师和家长根据评估结果实施有针对性的婴幼儿早期保教。

综上所述，国内外儿童早期保教研究热点主题各有特点，主要表现在以下两方面。

其一，从研究内容的时间向度和涉及范畴来看，国内外相关研究各有千秋。国外三个研究热点主题（见表1-5）之间在时间向度上具有衔接性与连贯性。儿童早期保教质量概述为儿童早期保教质量与入学准备的研究做铺垫并提供了知识基础，早教教师的专业发展则是第二个研究热点的进一步拓展，即早教教师专业发展作为儿童早期保教过程质量中的一个指标对儿童入学准备具有明显预测效力。国内儿童早期保教研究涉及的范畴较为广泛；主要涉及儿童早期保教社会托育体系的构建、家庭育儿调查、早教教师专业化以及国外儿童早期学习与发展及借鉴。但是，国内儿童早期保教在时间向度上持续的追踪研究仍有待继续探究。中国儿童早期保教相关研究出现了明显的政策导向性。

其二，国内外相关的研究范式也各有侧重。大多数国外研究属于实证研究范式，即定量研究侧重调查儿童早期保教质量的现状；定性研究则侧重于通过干预方案提升儿童早期保教的过程质量。国内相关研究则以思辨研究为主，重点聚焦于儿童早期社会托育服务体系构建及国外儿童早期学习与发展及借鉴等方面。中国儿童早期家庭保教状况及早教教师专业化现状的研究也采用实证研究范式。

（四）儿童早期保教研究的前沿演进

本研究结合关键词共现的时区视图（Timezone View）与突现关键词共同探究21世纪以来不同时期国外儿童早期保教研究热点演变进展情况。时区视图着重于描述儿童早期保教研究领域随着时间的演变趋势。突现关键词反映某一研究领域被引文献中影响强度较大的关键词。二者的结合有利于探究某一时期研究的热点主题。

1.国外儿童早期保教研究的前沿演进

结合国外儿童早期保教研究的时区视图和10个突现关键词[education（教育）、prekindergarten（先学前）、school readiness（入学准备）、early childhood（儿童早期）、achievement（成就）、preschool（学前）、propensity score（倾向分数）、experience（经验）、program（程序）、teacher（教师）]，21世纪以来不同时期国外儿童早期保教研究热点如下：

21世纪以来，OECD先后发布了《强势开端：早期保育与教育》（2001年）和《强势开端Ⅱ：儿童早期保育与教育》（2006年）[65]。这两份文件明确指出儿童早期保教是国家和家庭的共同责任且需推进儿童早期保教的专业化。

自2014年起，儿童早期课堂质量及其学业成绩成为热点课题。课堂质量作为儿童早期保教过程质量中的重要部分，能够预测儿童的学业成绩。这也是各国政府聚焦于提升儿童早期保教质量的缘故。例如，OECD发布了系列儿童早期保教质量报告：2012年，OECD发布《强势开端Ⅲ：儿童早期保教质量工具箱》；2015年，OECD发布《强势开端Ⅳ：儿童早期保教质量监测》。

自2012年起开始关注前学前阶段教育与儿童入学准备问题。已有大量研究表明，优质的婴幼儿保教对其今后他们在学校的表现产生重大影响。立足于消除因贫穷等不利条件带来的不良影响。2019 年OECD发布的《帮助婴幼儿学习和成长》报告（*Helping our youngest to learn and grow*）中关注了儿童的入学准备。涉及幼小衔接的报告是2017年OECD发布的《强势开端Ⅴ：幼小衔接》。

2017年起，相关研究开始聚焦于早教教师的专业发展。已有研究表明，儿童早期保教的"过程质量"中的师幼互动能够预测儿童的认知、情感及社会性等方面的发展。师幼互动中，早教教师的专业素养与其职前教育及在职培训相关联。例如，2018年和2019年，美国婴幼儿教育协会拟定了《早期教育者专业标准和能力公开草案》，美国各州也先后开展早期教育者专业标准及能力体系构建。

2.国内儿童早期保教研究的前沿演进

国内儿童早期保教研究没有突现关键词，可见该领域的研究尚未形成研究集群，还比较零散。结合时区视图，21世纪不同时期国内儿童早期保教研究热点如下：

自21世纪以来，国内学界就开始关注婴幼儿早期保教。2003年，教育部发布的《关于婴幼儿教育改革与发展的指导意见》（国发办〔2003〕13号）；2010年国务院发布的《国家中长期教育改革和发展规划纲要（2010—2020

年）》；2011年国务院发布《中国儿童发展纲要（2011—2020年）》都提出要重视0至3岁早期婴幼儿教育，并提倡构建普惠性的儿童早期保教服务体系。

2017年之后，研究者开始关注儿童早期的学习与发展。为推进中国0至3岁儿童学习与发展标准的制定进程，研究者们借鉴了国外儿童早期学习与发展的相关研究。2020年，针对0至3岁儿童的托育服务体系成为该领域的热点主题。2020年，教育部就《关于将托儿所幼儿园纳入义务教育体系的提案》给予了官方答复，将会增加0至3岁儿童托育服务机构的数量供给并注重其保教质量的监测与保障[66]。

二者的相同之处是以国家层面儿童早期保教政策为导向，并紧扣当前儿童早期保教的社会热点问题。二者的差异体现在国外儿童早期保教研究主题之间从宏观层面的儿童早期保教概述逐渐聚焦到微观层面促进儿童早期保教过程质量提升。例如，关注早教教师的专业发展，且前后研究的关联性较强。国内儿童早期保教相关研究与儿童早期保教政策有较强的适切性，但是在研究时间向度的关联性和连续性还有待加强。今后的研究还需要关注早教机构中儿童早期保教质量的可持续改进及家庭育儿质量提升的干预研究。

（五）研究评述

本研究主要采用文献计量学方法，围绕主要作者、区域、研究机构、研究热点及前沿演进对国内外儿童早期保教研究进行可视化分析。主要研究结论及对未来中国儿童早期保教研究的展望如下。

就研究作者而言，中国作者的发文量及影响力都处于持续增长的发展趋势中。儿童早期保教研究发文量较多且具有一定学术影响力的作者以国外作者居多。研究国家分布方面，美国、英国、法国和西班牙等西方发达国家在儿童早期保教研究发文量及学术影响力中居于重要地位。中国也居于该领域发文量较多的国家行列，但在发表有学术影响力的研究文献方面仍有待改进。弗吉尼亚大学和卡罗莱纳大学这两个机构是密切的合作伙伴关系，在儿童早期保教研究领域做出了卓越贡献。中国儿童早期保教研究以及取得了一定成就；今后应加强与国外知名研究机构的合作研究。

着眼于研究的广度，国外儿童早期保教涉及宏观层面、中观层面及微观层面，其受益的利益群体涉及政府决策者、早教中心、家长、早教教师等。国内儿童早期保教涉及宏观层面的居多，且其受益的利益群体相对比较狭窄，主要聚焦于政府决策者。因此，未来中国儿童早期保教研究应聚焦于中观层面（例如，某地区儿童早期保教质量保障模式的探索）和微观层面（例如，早教中心儿童早期保教实施中的问题、家庭育儿中问题及应对）等方面的实证研究。未来研究还应考虑预期受益的利益群体，并基于其在儿童早期保教的迫切需求选择研究主题。

纵观研究的深度，国外儿童早期保教研究以提升儿童早期保教质量的实验研究与行动研究居多。而国内的相关研究主要以思辨类的理论研究以及借鉴国外儿童早期保教政策或标准的居多。虽然近期实证研究也在逐渐增加，但是以婴幼儿早期保教现状调查类的研究居多，实验研究与行动研究相对较少。未来中国儿童早期保教研究应更注重促进儿童早期保教质量的实验研究与行动研究。

总之，目前国内儿童早期保教领域仍然有继续研究的空间。从广度角度，国内研究应不断拓宽研究的广度，即聚焦与扎根于儿童早期保教实践中问题的相关研究，关注早教机构实施儿童早期保教实践及家庭育儿实践中的现实需求、问题及困惑。从深度角度，研究者仍然需进一步加深研究的深度，基于中国儿童早期保教的实践问题，围绕某一类研究热点主题持续地进行追踪研究，形成有国际影响力的研究集群及作者群。

三、研究的主要问题及创新

基于上述研究缘由及已有相关研究综述，本研究的主要问题是在落实全面二孩政策背景下新疆地区0至3岁儿童早期保教质量保障的核心利益相关者使用的主要举措。核心利益相关者关于保障0至3岁儿童早期保教质量举措中出现了哪些问题？造成这些问题的原因有哪些？

进一步将研究的主要问题分解并聚焦为以下两个子问题。

● 核心利益相关者关于0至3岁儿童早期保教质量方面有哪些各自的利益诉求和共同的利益诉求？

● 各个利益相关者视角下，0至3岁儿童早期保教质量保障的主要举措有哪些？这些举措是如何发挥作用的？还存在哪些问题，背后的原因是什么？此研究问题具体还可以分为以下子问题：

其一，政策层面。新疆地区教育厅及教育局等相关部门制定了哪些政策以保障0至3岁儿童接受高质量的早期保教服务？政策制定者关于儿童早期保教服务质量提升的利益需求有哪些？存在什么问题及原因？

其二，早教机构层面。新疆地区早期保教机构是如何保障0至3岁儿童保教服务质量的？早教机构管理者以及早教教师关于儿童早期保教服务质量的利益需求有哪些？存在什么问题及原因？

其三，家长层面。新疆地区家长采取哪些措施保障0至3岁儿童家庭育儿质量？他们关于早教机构（或托育中心）提供的0至3岁儿童保教服务的满意程度如何？不同类型的家长关于未来0至3岁儿童保教服务的利益需求有哪些？存在什么问题及原因？

其四，社区层面。他们关于0至3岁儿童早期保教质量有怎样的利益诉求？社区工作人员在保障0至3岁儿童早期保教质量方面采取了哪些有效的措施？在此过程中还存在哪些问题或不足？主要原因是什么？

其五，其他相关社会机构（如医院、高等师范院校等）。他们关于0至3岁儿童早期保教质量有哪些利益诉求？医院工作人员及高等师范院校的高校教师等有哪些措施以保障0至3岁儿童早期保教质量？还存在哪些问题或不足？主要原因是什么？

本研究的创新之处主要体现在研究背景和研究内容这两方面。具体如下：首先，本研究主要是基于国家于2017年颁布的全面二孩政策，随着该政策的推行，0至3岁儿童的数量有增加趋势，新疆地区的0至3岁儿童保教质量的保障也是迫在眉睫。目前，西部地区在稳定的前提之下正处于跨越式大发展的绝好时机。保障儿童早期保教质量是有效预防及阻断代际贫困，解决民众迫切关注的民生问题，并进一步提高人民生活幸福指数的重要措施。而已有相关研究更多聚焦的是中国经济相对较为发达地区的0至3岁儿童的保教服务质量的现状及高质量儿童早期保教体系构建。本研究可以在借鉴已有相关研究的基础之上，进一步完善相关研究及拓展相关研究的范围。

其次，从研究内容来看，本研究的主要创新之处是从0至3岁儿童早期保教质量的核心利益相关者这一视角进行研究。已有关于0至3岁儿童保教质量方面的相关研究大多聚焦于从政府的层面及视角，并基于相关政策文本进行思辨性的研究。但是，基于儿童家长、社区工作人员及其他相关社会机构相关人员视角的利益诉求及看法相对缺乏。有关如何提供高质量的0至3岁儿童早期保教的研究也有待补充。本研究主要基于利益相关者的相关理论，探究0至3岁儿童早期保教的核心利益相关者，以及他们采取哪些措施保障儿童早期保教质量，并分析他们关于0至3岁儿童早期保教质量的各自利益诉求及共同的利益诉求。

第三节　研究设计

一、研究的理论框架

惠勒（David Wheeler）等人认为，"最重要的是，公司本身应该关注广泛的利益相关者的利益和需求。"[31]如果做不到这一点，就会降低企业的竞争力，增加企业倒闭的风险。核心利益相关者积极参与公司战略能使公司的利润最大化。

企业组织想要获得利润最大化，应关注所有可能影响企业等组织目标实现或受组织目标实现影响的各个利益相关者及其关系。琼斯（Jones）基于此提出了工具性利益相关者理论。该理论建立在利益相关者概念、经济概念（代理理论、交易成本经济学和团队生产理论）、行为学和伦理学等方面的整合。它关注的是企业与其核心利益相关者之间的契约关系，并认为信任和合作关系有助于解决问题[67]。这种利益相关者管理的工具理论本质上颠覆了新古典主义的企业理论。这意味着，信任与值得信赖的合作行为也将给企业带来竞争优势。在这个过程中，它可能有助于解释为什么某些"非理性"或"利他"行为会产生生产力，以及为什么从事这些行为的公司能够生存下来，并保持兴旺发达的发展态势。

利益相关者是能够影响组织目标实现的人或组织，或能够为组织目标实现所影响的人或组织[28]。陈宏辉，贾生华"从主动性、重要性和紧急性这三个维度，将企业众多的利益相关者划分为核心利益相关者、蛰伏利益相关者和边缘利益相关者三种类型。"[33]0至3岁儿童早期保教质量保障的利益相关者可分为三种类型，即核心利益相关者、次要利益相关者与边缘利益相关者。政策制定者、家长、早教机构管理者、早教教师、社会服务工作人员等都是直接介入0至3岁儿童早期保教工作中的，因此都属于核心利益相关者。准备进入早教机构的儿童和家长、幼儿园管理者及幼儿园教师等都属于次要利益相关者，因为他们并没有直接参与0至3岁儿童早期保教事宜，但是他们的利益诉求及意见会对儿童早期保教质量产生重要影响。媒体、银行以及企业等并没有直接参与0至3岁儿童早期保教，因此都属于边缘利益相关者。通过阅读文献并针对每一类核心利益相关者进行焦点小组访谈，收集各个核心利益相关者的利益诉求，并请其对这些利益诉求内容的重要程度进行排序，寻找其共同的利益诉求。

一方面，本研究主要使用工具性利益相关者理论探究各个核心利益相关者关于儿童早期保教方面的利益诉求；也探究围绕共同的目标，即"如何保障及提高0至3岁儿童早期保教服务质量"，探究各个核心利益相关者的共同且重要的利益诉求及需要。另一方面，本研究使用工具性利益相关者理论调查各个核心利益相关者在保障儿童早期保教方面采取的主要举措、问题及原因。

二、研究对象

根据本研究的主要问题，本研究对象主要选取0至3岁儿童早期保教的核心利益相关者。

● 新疆地区妇女联合会，南疆2座城市和北疆2座城市，共计4座城市主管学前教育的相关人员。调查有关0至3岁儿童保教政策与制度层面保障措施，以及他们关于0至3岁儿童早期保教服务质量保障的利益诉求。

● 在乌鲁木齐市与伊宁市各抽取3所招收0至3岁儿童的早教机构，以早教机构的管理者为访谈对象。了解他们关于0至3岁儿童早期保教的利益诉求，以及他们保障婴幼儿早教质量的主要措施。

● 以乌鲁木齐市、伊宁市及喀什市的婴幼儿家长（有的是想要二孩的家长，有的是已经有二孩的家长）作为问卷的调查对象。在每一个城市各抽取已经有0至3岁儿童的家长一百余人及可能要二孩的家长一百余人，共计约600人。了解家长关于0至3岁儿童保教服务的满意程度与利益诉求，以及他们保障儿童早教质量的主要措施。

● 以5个社区的10名工作人员为研究对象。了解他们保障儿童早教质量的主要措施，以及他们关于0至3岁儿童早期保教的利益诉求。

三、研究思路与研究方法

（一）研究的基本思路

首先，通过CNKI、EBSCO等国内外数据库寻找并筛选出比较有代表性的国内外有关0至3岁儿童保教及其质量的研究文献，再对文献进行分类整理及分析，并基于此提出本研究的主要问题。其次，梳理国内外儿童早期保教质量保障的主要举措。再次，开展实证调查研究。一方面，不同核心利益相关者关于儿童早期保教质量需求的应然层面的相关调查研究。即核心利益相关者（主要是政府、儿童家长、早教机构、早教教师、社区、高等师范院校等相关的社会机构或组织等）关于0至3岁儿童早期保教方面的各自视角下的利益诉求。另一方面，不同核心利益相关者关于儿童早期保教质量保障的实然层面的调查研究。主要包括0至3岁儿童早期保教质量保障的现实样态、问题及原因。最后，研究结论及研究问题的回应，以及对未来相关研究的展望。

（二）研究方法

本研究根据研究问题主要使用定性与定量结合的研究范式，即主要使用访谈法、问卷法、文本法及文献分析法探究各个核心利益相关者关于0至3岁儿童早期保教方面的主要利益诉求以及共同利益诉求。基于此，通过访谈法继续探究政府、家长、早教机构管理者、早教教师、社区工作人员以及其他社会工作者关于0至3岁儿童早期保教保障采取的主要措施，并基于各个核心利益相关者的利益诉求，提出问题并分析原因。具体使用的研究方法如下所示：

1.访谈法

使用半结构式的访谈形式，其目的是探究各个核心利益相关者关于0至3岁儿童早期保教质量的利益需求、主要采取的保障措施及可能出现的问题与原因。访谈对象主要涉及0至3岁儿童早期保教质量的核心利益相关者，例如，教育局教研员或其他管理人员、家长、早教管理者与教师、社区工作人员、高校相关人员等。

以新疆地区四座城市的教育局的教研员及相关管理者为访谈对象，以"保障0至3岁儿童保教质量政策与制度"为主题进行半结构式访谈。访谈问题见附录4。

访谈0至3岁儿童早教机构的管理者及早教教师关于0至3岁儿童早期保育和教育的主要保障措施、利益需求等，具体见附录3。

访谈家长以了解他们关于0至3岁儿童的保教利益需求，以及保障儿童早期保教质量的主要措施，具体见附录2。

访谈社区工作人员，主要是了解0至3岁儿童保教社会服务的现实情况及其关于提供高质量0至3岁儿童保教的利益诉求，具体见附录5。

访谈高等师范类院校的学前教育专业负责人，了解0至3岁儿童早期保教在学前教育专业培养方案中的具体涉及情况，具体见附录6。

2.问卷法

为了解新疆地区家长关于0至3岁儿童保教服务的满意程度，使用自编的四级计分自陈式问卷，具体见附录1。该自编问卷主要包括三个方面内容：家长关于儿童早教结构质量、过程质量和结果质量的满意程度。

在南疆和北疆地区对有0至3岁儿童及想要二孩的家长发放问卷共计600份，收回的有效问卷共计477份，回收率达到79.5%。通过SPSS软件计算，家长关于0至3岁儿童早期保教服务满意度问卷的内部一致性信度为0.876，处于良好水平。该问卷的结构效度的情况如下：其KMO值为0.878且Bartlett球形检验的近似卡方分布为2594.602，自由度为105，显著性概率值小于0.001，这表明收集的数据适合进行分析。接着运用主成分分析法得到三个共同因素，累积解释率达到56.395%。

3.文本法

主要收集国家层面以及新疆地区有关0至3岁儿童早期保教的相关文件。通过相关文本的解读了解有关0至3岁儿童早期保教质量保障政策层面的规定。从教育部及新疆维吾尔自治区教育厅网站收集近十年的有关0至3岁儿童保教的政策文本，并对文本材料进行解读与分析。

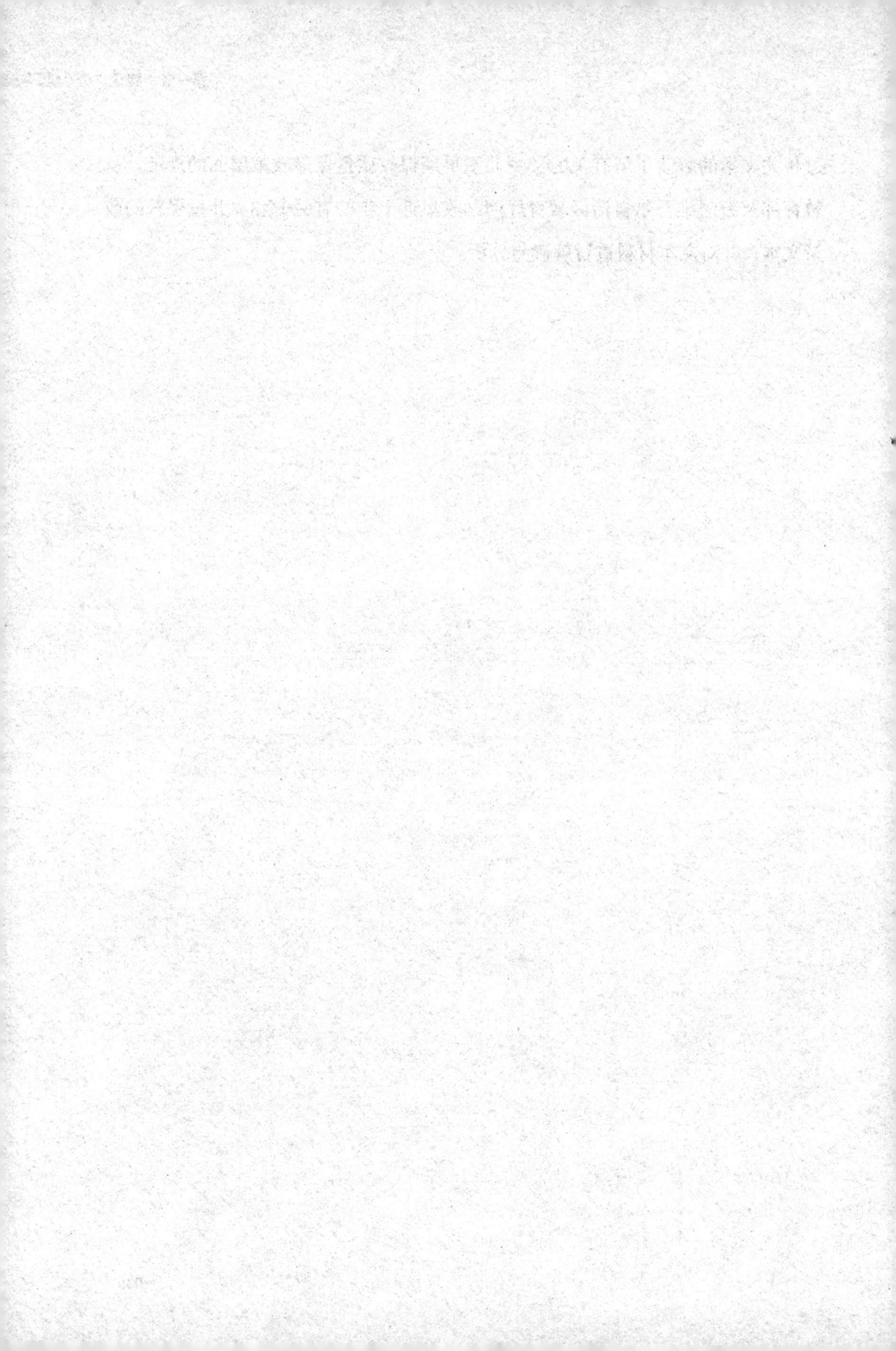

第二章　国内外儿童早期保教质量保障的经验概述

探究国外儿童早期保教质量保障的主要措施能够为中国构建及完善儿童早期保教质量体系提供借鉴及参考。国外研究者们普遍认为，儿童早期保教质量主要包括结构质量与过程质量这两方面。国外儿童早期保教质量保障的主要措施如下：

儿童早期保教结构质量层面的保障措施包括：有统一管理儿童早期保教质量的组织及机构；合理的儿童早期保教服务的治理与监管体系；制定儿童早期保教质量测评标准；儿童早期保教工作者专业化资质的认定。儿童早期保教过程质量层面的保障措施主要包括：既重视职前及在职儿童早期保教工作人员的专业化水平的提升，也关注儿童早期保教课程与教学框架的制定与持续改进。

第一节　国内儿童早期保教质量保障的经验概述

一、相关政策营造出重视0至3岁儿童保教质量的社会氛围

首先，各个发达地区省市相关管理者已经率先开始通过政策文件的制定及颁布保障0至3岁儿童早期保教质量，从顶层设计为0至3岁儿童早期社会保教服务体系的实践与改革的探索提供了政策与法律层面的依据及保障。1999年，上海市出台了《关于推进上海市0-6岁学前教育管理体制改革的若干意见》（沪

府办发〔1999〕32号）。2001年，北京市通过了全国第一个学前教育地方性法规——《北京市学前教育条例》，将北京人受教育法定年龄延伸至0岁。广州、青岛等地也较早启动了以社区为基础的面向0至3岁儿童的保教项目。由此，21世纪以来，0至3岁儿童早期保教质量也逐渐受到国家政策制定者的重视。

其次，中国与0至3岁儿童早期保教相关的各个部门也在各级各类文件中将0至3岁儿童早期保教及其发展写入政策之中，但只是零星地从宏观层面提及儿童早期保教的未来目标或重要性。2001年，国务院批准印发的《中国儿童发展纲要（2001—2010年）》中第一次提出了发展0至3岁儿童早期教育。2003年，国务院办公厅转发了教育部的《关于幼儿教育改革与发展的指导意见》（国办发〔2003〕13号），并将"为0—6岁儿童和家长提供早期保育和教育服务"作为总目标。2006年，国务院办公厅发表的《国务院办公厅关于印发人口发展"十一五"和2020年规划的通知》（国办发〔2006〕107号）提出大力普及婴幼儿抚养和家庭教育的科学知识。2007年，国务院批转教育部《国家教育事业发展"十一五"规划纲要的通知》（国发〔2007〕14号）中强调重视发展儿童早期教育。2010年，国务院发布的《国家中长期教育改革和发展规划纲要（2010—2020年）》，提出要重视0至3岁早期婴幼儿教育。2011年，国务院发布的《中国儿童发展纲要（2011—2020年）》中提出"促进0至3岁儿童早期综合发展"的目标。2013年，教育部办公厅下发了《教育部启动0-3岁婴幼儿早期教育试点》的通知。

最后，针对0至3岁儿童早期保教质量中的难点与痛点，以教育部为主的相关部门在广泛调研及听取专家意见的基础之上，为中国儿童早期保教的家庭养育提供一定政策与制度支持。例如，全面放开二胎政策自2016年1月1日正式开始实施，2021年5月31日，三孩政策开放。2019年，教育部对十三届全国人大一次会议第7817号建议的答复中从保障妇女参加劳动的角度提出延长产假和哺乳假，实施家庭生育及养育补助计划，以及新建托幼中心等保障措施。

政策层面还涉及儿童早期保教社会公育机构的设立及管理方面的政策规

定。2016年，原国家卫生计生委在全国10个城市就3岁以下婴幼儿托育服务情况开展了专题调研，并根据调研情况向国务院报送促进3岁以下婴幼儿托育服务的政策建议。内容包括：鼓励和支持政府、用人单位和社会力量依法举办婴幼儿托育服务机构，为广大家庭提供方便可即、质量可靠且价格合理的儿童早期保教服务，能够满足广大家长多样化育儿需求。为有效发挥政府关于婴幼儿早期保教托育服务机构的监督、管理及指导的作用相关部分发布了一系列文件。例如，2019年10月，国家卫生健康委员会颁布的《托育机构设置标准（试行）》（国卫人口发〔2019〕58号）；2019年10月，国家发展改革委、国家卫生健康委联合发布《支持社会力量发展普惠托育服务专项行动实施方案（试行）》（发改社会〔2019〕1606号）。

这些政策的制定与出台为社会各界重视0至3岁儿童保教质量营造了浓厚的社会氛围，也为婴幼儿早期保教家庭养育及社会公育提供了政策参考与依据。

二、0至3岁儿童早期保教机构侧重于为部分家庭提供婴幼儿早教服务

家庭仍然是0至3岁儿童早期保教的主要参与者；同时，他们也是儿童早期保教服务质量保障的主力军。家长的育儿需求是0至3岁儿童保教质量保障的主要因素。2019年，张燕的调查结果表明，城市地区0至3岁儿童家长关于社会保教服务的需求较高。按照需求程度由高到低排列，城市家长关于儿童早期保教服务需求依次为：环境与设施、教师专业性、早期教育、家庭指导、护理保育及便利性服务；根据马斯洛的需要层次理论，并综合各维度来看，家长关于早教机构的环境安全、饮食安全、教师安全（有爱心、耐心、责任心）的需要程度较高[68]。目前，中国私营早教机构居多且收费较高，且大都是以家长陪同参加系列亲子互动的早教课程这种形式为主。早教机构主要针对的是城市地区部分收入较高且愿意参加早教课程的家庭。因此，他们关注更多的是这部分家长

的早教需求，尤其是满足这类家长关于早教环境与设施的创设，以及早教教师专业资质等方面的需求。因早教机构的营利性质，他们在提供早教服务的时候较少考虑普通家庭及贫困家庭的育儿需求（例如，城市贫困家庭的儿童早期保教需求：社会参与机会和社交网络发展需求；帮助摆脱贫困泥潭的公共服务需求；平等的资源享受的需求[69]）。

参加过早教机构的家长也对早教机构提出的儿童早期保教服务质量予以肯定，尤其表现在以下三个方面。①通过早教机构开展的各项游戏活动能够满足儿童的安全感与归属感等心理需要。早教机构经常组织亲子游戏以及亲子阅读活动，让家长与儿童在早教教师的指导下积极互动与交流，增进亲子感情，让儿童感受到家长的关爱并从中获得亲密感和安全感。②早教机构还为儿童提供了与其他同伴互动、合作及交流的机会，有助于提高儿童与同伴及成人进行社会交往的能力和水平。参与早教课程过程中，儿童能够认识更多同龄的伙伴并与他们进行游戏互动和言语交流，增强社会交往的意愿，提升社会交往的能力。③早教机构也为家长交流育儿经验、难题及其解决方法提供了良好的契机，能够在引导家长进行科学合理育儿方面有一定的积极促进作用。

田甜从早教教师及家长的视角调查郑州市0至3岁早教机构的保教现状，发现了"机构内部环境创设的问题、机构内部师资建设的问题、机构内部课程设置现状的问题、机构内部指导家长现状的问题、机构内部管理现状的问题。"[70]张雅楠也认为早教机构仍然存在以下问题：教育观念倾向于知识的传授，忽视儿童情感的表达；早教教师普遍素质不高且流动性较大[71]。

三、以社区为基础为家长提供0至3岁儿童早期保教服务

以社区为基础构建0至3岁儿童早期保教服务体系，并服务于家长的多样化育儿需求势在必行。但是，社区的职能众多，儿童早期保教只是其众多职能中的一种而已；且社区工作人员大多没有关于0至3岁儿童早期保教的经验。基于

中国大多数地区社区的上述特点，学者们建议在建设和运行以社区为基础的0至3岁儿童早期教育服务中，可以将示范性幼儿园培育成为核心的实体单位、重要的推动力量，并发挥其作为研究基地与社区早教服务枢纽的示范与辐射作用。郑健成就建议将示范性幼儿园作为提供0至3岁儿童早期保教的主要实践与研究基地，同时充分发挥社区在儿童早期保教服务的联络与纽带的作用[72]。陈红梅和金锦秀也意识到幼儿园在提供0至3岁儿童早期教育服务方面的诸多优势（如成本低、质量高及信誉好等），并建议拓展幼儿园的服务功能，与社区工作人员共同探索各种高质量的社区早教，服务于社区的居民。"既要有家长讲座、亲子活动等正规教育服务形式，还应辅以育儿沙龙、游戏小组、咨询服务、入户指导、发放资料等非正规教育服务活动。"[73]

白鸽和夏婧总结了基于社区的三种儿童早期家庭教育指导服务模式。第一种是政府联席会议下的早期家庭教育指导模式。例如，"上海市某区召开政府联席会议，由妇联部门牵头，与教育、原卫计委联动共同成立J区早期教育指导中心（主要辐射管辖区内社区的儿童早期保教指导工作），依托某幼儿园并受区教育局监督。"[74]开设亲子活动、专题讲座、线上家长沙龙、主题亲子运动会等四类家庭教育指导活动。第二种是由教育部门牵头的儿童早期家庭教育指导模式。这种家庭教育指导模式能够避免权责不清楚的情况。此类早教家庭教育指导模式划分为针对社区的免费早教活动与园内收费的早教活动及针对家长个性化需要的入户指导。第三种是政府购买服务下的早期家庭教育指导模式。此类早教家庭教育指导模式赋予社区及街道更多的权限；整合医院、早教机构及幼儿园等能够提供优质保教社会资源的运营机构，提供免费与适度收费相结合的早教活动。

四、高校致力于早教教师培养以保障其质量

数量充足及专业素质良好的早教师资队伍是保障儿童早期保教质量的基

础与先决条件。中国早期教育专业人才培养发展处在起步阶段。2010年，高职院校首次开设0至3岁婴幼儿早期教育专业；2011年，大多数早期教育专业在各级各类职业院校中相继出现并开始招收。例如，山东英才学院、运城幼高专、泉州幼高专、苏州幼高专、渭南职业技术学院等都相继开设早教专业。也有少部分本科师范类院校开设了早期教育专业；例如，天津师范大学、琼台师范学院、成都文理学院、吉林师范大学等。

高校通过早教专业课程体系的构建及课程方案的不断完善保障早教教师专业素养的习得与养成。职业院校早期教育专业开展了人才培养方案的论证，逐步形成核心课程体系。而且，早教专业的课程体系目前已经构建得比较完备。

但是，调查表明，在我国，"在专业方面，学前教育专业毕业的从业人员，大约只占到1/3，说明从业人员这方面的专业人才严重不足，大多是非0~3岁托幼教育专业，与学前教育专业相关专业还好一点，有些专业真的是相差太大了。"[75]高校在培养早教师资方面也存在以下有待解决的问题："专业标准不清、专业师资薄弱、专业课程失调及专业路径阻塞。"[76]

第二节　国外儿童早期保教质量保障的经验概述

一、儿童早期保教结构质量保障的主要经验

（一）主要负责儿童早期保教管理的统一部门

建构统一的儿童早期保教管理机构及其管理体系是指，能够专门负责0至6岁儿童的学习与发展；统整儿童早期保教的相关工作并提出统一的要求与规定；能够负责整合财务资源与科学育儿信息资源，并与其他社会机构密切配合等。总之，统一的儿童早期保教管理机构及其管理体系是有助于避免因管理机构或组织众多造成的管理混乱，以及关于0至3岁儿童及3至6岁儿童早期保教观

念不统一且不一致的情况出现。

一些国家的高质量儿童早期保教就得益于拥有一个统一的管理与监督行政部门，以及指导与支持职能兼备的管理机构及其构建的管理体系。澳大利亚的儿童早期保教质量管理局（Australian Children's Education and Care Quality Authority，ACECQA）于2012年1月1日成立，主要负责实施、指导、监督及质量保障。ACECQA承担澳大利亚儿童早期保教相关的一系列职责和任务，其中就包括制定及指导《国家质量框架》（*National Quality Framework*，NQF）的实施和报告，以及保证其在提高儿童早期保教质量方面的运作和有效性。ACECQA还发布一系列资源以支持儿童早期保教服务质量的改进活动，并授权和维护已批准培训课程和认证服务的登记册[77]。ACECQA的部分职责是运营儿童早期保教服务所需的审批流程。例如，ACECQA审查不同监管机构所雇佣的授权官员持有的资格是否符合专业标准，还对儿童早期保教工作人员进行资格认证，并在网站上提供一份符合规定的儿童早期保教工作者专业资格的清单。高等教育中相关早教课程的提供者也应向ACECQA申请培养早教工作者的专业资质，且必须证明他们的课程符合儿童早期保教的专业实践规范。

从2000年开始，意大利的罗马市政当局已经进行了巨额的财政和组织方面的投资，以便在城市中建立一个合格的儿童早期保教服务体系。罗马市政府作出了一些重要的抉择，即将3岁以下儿童的服务与学校合并到市政管理的教育部门，为市政和补贴服务建立同质的儿童早期服务标准，并在每个地区实施联网服务的育儿咨询程序等[78]。

国际经合组织及联合国教科文组织等都建议各个国家建立一个综合的统一的主管负责部门，以提供高质量儿童早期保教服务，改变由不同部委负责儿童早期保教的现状，改变过去因管理制度导致割裂的情况[65, 79]。2013年，卢森堡政府提出了一项建议，建立一个以儿童为中心的儿童早期保教服务体系，即成立新的"国家青年服务局"（the National Youth Service）。该部门将所有儿童早期保教机构合并为一个专门部门，而不是像以前一样分为两个部门。依据儿童早期认知、情感及社会性等方面全面、综合性地发展的教育理念，国家青年服务局能够将整个非正规教育部门以及正规教育部门的行政结构、管理体系等更加紧密地关联起来。

2014年4月1日，比利时佛兰德斯议会通过了婴幼儿保育法案，并在佛兰德斯生效。公共卫生和家庭部（Public Health and Family）主要负责管辖所有婴幼儿保育机构，并以统一的方式保障高质量的儿童早期保教服务。比利时的婴幼儿法案颁布实施之后的一个重要的变化是，从2014年4月1日起，任何形式的婴幼儿保教机构和组织都需要经过审核。审核通过后持执照提供儿童早期保教服务。与过去不同的是，获得许可证的条件对所有儿童早期保教机构都是一样的。除了有执照的婴幼儿托育服务之外，非正式的婴幼儿托育服务也是允许的（例如，由祖父母、朋友、家人等提供的非专业托儿服务，父母通常不支付费用）。要获得早教服务许可证，托育机构必须满足相应的特定要求。这些要求是根据婴幼儿和学步儿童年龄身心发展的特殊性提出来的；除此之外，还涉及早教机构的基础设施、卫生、安全、教学质量和专业工作人员的资格，这些都涉及儿童早期保教的结构质量。佛兰德斯政府每年决定提供资金建立儿童早期保教机构或"升级"现有早教机构。婴幼儿和学步儿童的正式托儿补贴计划是一个从第0级开始逐级递增的系统。每个级别都意味着对早教中心分派额外的任务和附加条件。被认定的等级水平越高，儿童早期保教机构能得到政府的补贴就越多；但是，它们同时也需要承担更多任务且需要满足的条件也就越多。早教机构每升一级，儿童早期保教机构就可以在一定条件下获得政府额外补贴，政府补贴的发放会倾向于招收有特殊需要儿童及家庭，以及具有包容性的儿童早期保教机构。

（二）刚性与柔性的儿童早期保教服务治理与监管体系

1.侧重刚性的儿童早期保教质量的治理与监管体系

刚性的儿童保教质量治理与监管模式主要是通过强制性的手段或措施保障儿童早期保教质量。例如，澳大利亚主要通过立法和问责制度保障儿童早期保教质量。澳大利亚的政治教育制度是地方分权性质的；其儿童早期保教工作是联邦政府责任的，但每个州/地区对其所管辖区域的儿童早期保教负责，关于儿童早期保教的最低标准都有不同的规定。澳大利亚全国婴幼儿保教改革始于2007年，由澳大利亚工党政府领导并涵盖所有司法管辖区。澳大利亚不同政党之间没有就此问题达成协议，新自由主义管理下的学前教育改革仍然主张该观点，即只有通过立法和问责制才能保障及提高儿童早期保教服务的质量。澳大利亚国家儿童早期保教质量保障体系的发展涉及法律及法规、不同类型的服务、不同的管理模式、不同的资金安排和不同的成本等因素。

第一，政府着眼于保障及提升儿童早期保教服务质量。

政府不仅监管不同类型的儿童早期保教机构的早期保教服务质量，还将之纳入法律管控范畴；而且，政府为参与儿童早期保教的家长选择不同类型早期保教机构提供托儿福利资金。NQF中关于长期日托、家庭日托、学前班（或幼儿园）和其他时间儿童早期保教服务质量的监管也是强制性的。

在传统上，澳大利亚的儿童早期保教服务分为两种类型：儿童保育和学前教育。儿童保育方面的服务及质量情况主要包括以下几个方面：长期日托中心主要提供正常工作日的全天儿童保教服务，主要由社区管理委员会或私人（或私立集团）运营的早教服务机构。长期日托服务的质量由立法控制，作为国家质量框架的一部分。使用这些服务的父母有资格获得托儿福利金，但也要支付差额费用。家庭日托中心主要由教育工作者在自己的家中为从出生至学龄前儿童提供托育服务，这种儿童早期保教服务是灵活的，可以在正常工作时间之外和周末提供。家庭日托的儿童早期保教服务质量也受到立法监管。临时提供的儿童早期保教服务是按小时或按学期提供临时托儿服务；这类托育服务必须根据相关的州或领地法规运营。家庭式的儿童早期保教服务主要是针对有特殊需求的群体，例如农村社区、家人疾病或残疾、多胞胎和非标准工作时间，或无法获得其他早教的群体服务。学前教育服务是为儿童在接受小学教育前一年设计的。不同州有不同名称：幼儿园、学前班或预科。项目在学校、社区环境中运行，或整合到长期日托或临时的儿童早期保教服务中。这类服务的管理可以由学校、社区管理委员会、私人提供者或公司承担。

第二，NQF中关于儿童早期保教的规定。

澳大利亚的NQF是由前一届工党政府于2012年1月推出的，目前仍在发展及使用中。它主要由几个部分组成：国家法律；各州和领地司法管辖区颁布的法规；法律中嵌入的国家质量标准概述了关于儿童早期保教质量的一些期望；根据国家质量标准和法规对儿童早期保教服务进行等级评定；澳大利亚早期学习框架则主要概述了儿童早期保教计划的原则、实践和成果。由于澳大利亚是一个联邦体系国家，在与每个州和领地签署合法合作协议，这些伙伴关系明确了目标、成果、产出和绩效指标，并规定了各州和领地的作用和责任。澳大利亚联邦政府与各地州签订了《关于儿童早期保教质量议程的国家伙伴协议》（*The National Partnership Agreement on National Quality Agenda for Early Childhood Education and Care*）。儿童早期保教工作者试图通过实施NQF来支持儿童的学习与发展。NQF的引入也增强了他们开展儿童早期保教服务在时间上的可持续性，主要强调了倾听儿童的心声、整体性的教育方法和参与反思的重要性[80]。

第三，NQF的制定及主要内容。

澳大利亚儿童早期保教质量管理局还制定了《国家质量标准》（*National Quality Standard*，NQS）。NQS为澳大利亚各地的儿童早期保教，以及其他类型儿童护理服务的监管、评估和质量改进提供了一种全国性的参考依据和标准。NQS旨在通过提高早教工作者与儿童的比例，提高早教工作者的专业技能和专业资格等，为儿童的学习和发展提供更好的支持，以及实现对儿童的专业保教。同时NQS也建立了一个全国性的早教机构登记册，以记录所在地区的早教机构的儿童早期保教服务质量评估结果，为家长选择能够提供高质量儿童早期服务的早教机构做参考。

NQS主要囊括七大儿童早期保教质量领域，共计有18项标准，每项标准都包含若干个具体要素（共计58项）。NQS中的七大质量领域如下：早教项目与实践、儿童健康与安全、物理环境、工作人员安排、（早教工作者）与儿童的关系、（早教工作者）与家庭和社区的合作伙伴关系、领导和服务管理[81]。以早教项目与实践领域的标准和要素为例，每个标准都清楚地阐述了儿童早期保教工作者所要达到的质量标准。每个要素中还有具体操作性的儿童早期保教质量标准的界定。早教中心可以以NQS为参照进行自评，国家相关机构也应以此作为监督及评价的重要依据。

第四，儿童早期保教服务质量的评估与持续监测。

澳大利亚儿童早期保教质量管理局会定期对各种儿童早期保教机构的保教服务及其有效性、可靠性、客观性、可行性和可用性等都进行定期且全面的调查；主要根据NQS对儿童早期保教服务进行评级，并开发了许多NQS评级工具。儿童早期保教质量管理局在21个长期日托中心开发并试用了一个测评儿童早期保教服务质量的工具，在最终版本发布之前，在189项儿童早期保教服务中测试了修订版；该评级工具还为每个评级级别的标准中的每个元素提供了性能指标。

针对NQS的评估过程的第一步是儿童早期保教机构对儿童早期保教服务质量进行自我评估，并由相关工作人员为儿童早期保教服务制订质量改进计划，然后提交给相关的州和领地的监管机构。第二步是要求相关州和领地监管机构雇佣官方授权的专业工作人员根据早教机构提供的儿童早期保教质量自评报告及质量改进计划，并根据NSQ中的质量标准对各类早期保教服务进行评级工作。第三步则是获授权的专业人员或是进行评估的工作人员通过实地调研，完成评估工作。评估工作主要包括，授权评估人员在儿童早期保教实践中观察早教工作者与儿童的日常生活互动及开展的各项活动，与他们讨论及交流，并查看相关的教育文件材料。授权评估的专业人员在他们进行实地评估及考察之前向相关早教机构发出通知（通常是提前五天发出）。但是，他们也可以进行不定期的实地考察评估；特别是有证据且有理由认定某早教机构的儿童早期保教服务可能不符合法律规范，或是提供虚假证据，或是可能会在宣布实地考察评估时销毁证据等情况。

最后一步是，在实地考察的评估结束之后，监管机构会对早教机构的儿童早期保教服务给出评级的结果，并向相关服务部门发送一份草案，以便他们在最终评级提交之前对评估提供反馈或按要求进行澄清，并将最终的评估报告在相关网络上公布于大众，供公民监督及参考使用。

最终的评估报告中主要囊括了七个质量领域的评估结果。其中的每一个质量领域都分配评级，并且给出了总体评级。这些总评等级由高到低依次是：超过国家质量标准、符合国家质量标准、努力实现国家质量标准以及需要继续改进。

澳大利亚的儿童早期保教质量保障体系提供了一种质量管理模式。但是，关于这种自上而下、强制性的儿童早期保教质量保障监管方法的有效性仍存在国际争论。其优势在于政府主管部门便于掌握及把控儿童早期保教质量的状况并提供改进建议与支持，以及持续追踪儿童早期保教质量改进情况；高效、便于操作等特点也比较突出。其劣势则主要表现在澳大利亚各地州的政治制度与经济水平等方面存在差异，儿童早期保教机构提供的早期保教服务质量的差异也较大，用统一的标准衡量早教服务质量差异较大的儿童早教机构的适切性值得商榷；支持性及改进性的措施是否有利于早教机构对于儿童早期保教质量的保障也有待考证。目前，尚无法清楚地证明澳大利亚的这种方法是否对儿童的身心发展产生积极影响。

2.侧重柔性的儿童早期保教质量的治理与监管体系

与国家政策制定的强势性层面相比，柔性的儿童早期保教质量的治理与监管体系则主要侧重于各个核心利益相关者参与儿童早期保教服务质量的支持、保障及持续改进过程中。侧重柔性的儿童早期保教质量的治理与监管体系并非完全不涉及国家层面，也有针对儿童早期保教结构质量层面的相关政策及法律方面的规定。比较典型的代表国家是卢森堡，其更倾向于从非正规教育层面保障儿童早期保教质量。

卢森堡出台的儿童早期保教相关法案中规定了儿童早期保教提供者的正式要求以及非正规教育方面的法规，也有关于儿童早期保教结构质量方面的规定，例如师幼比例、早教工作者团队规模、基础设施要求等方面的管理。卢森堡也非常重视非正规教育框架。在非正规教育中，教育的首要原则是包容、多样性、使用多种语言，还包括自愿、参与、发现学习、过程导向、伙伴关系和对话等。这些元素代表了重要的方法，即日常教学主要是基于儿童已有的知识经验以及兴趣。早教工作者试图解读儿童是如何探索和理解世界的。

卢森堡国家青年服务局基于相关国家标准，委派外部专家对儿童早期保教质量进行外部评估。委派专家除了对儿童早期保教质量进行外部评估，还在监控过程中完成以下有助于促进儿童早期保教质量提升的任务。例如，专家要对员工职业发展要求的遵守情况进行评估并提出整改意见，对儿童早期保教质量开发项目进行评估，以及提高儿童早期保教环境质量的意见及建议。

委派专家除了检查有关儿童早期保教质量相关的佐证文件（例如，规章制度以及年度自检、自评及整改报告等），还负责监控儿童早期保教过程质量，即监督及评估儿童早期保教的教学实践。监督及评估儿童早期保教的教学实践，主要聚焦于解决以下问题：如何在儿童早期保教实践中贯彻及执行制定的活动目标？哪些活动或项目有助于实现这些儿童早期保教目标？早教教师的哪些教学态度、教学方法及策略是有益的？被称为"基于对话的引导性问题"的方法在儿童早期保教质量评估过程中如何发挥关键作用？"基于对话的引导性问题"的方法是以公开对话的形式，儿童早期保教机构的负责人和外部专家共同基于早教实践，开展公开且平等的方式以调查儿童早期保教托育机构的优势和挑战。这些问题主要集中在非正规教育框架的行动领域，此外，它们还涵盖另外两个主题：①与家长和当地网络的合作；②基于团队的协作和领导技能。这些问题都是开放式的，充分关注儿童早期保教工作人员的观点并激发他们的反思。

每个关注儿童早期保教质量发展的人都应该有机会为监控和评估儿童早期保教实践做出贡献并从中受益。从这个意义上说，监督和评估过程应该是促进所有儿童早期保教利益相关者之间的积极参与和合作，而不是通过竞争环境来评估儿童早期保教服务绩效。卢森堡的儿童早期保教质量的发展及保障也主要基于教学人员和提供者的积极参与。如果没有他们的积极参与，负面控制的危险性影响就会变得比较大。

因此，儿童早期保教质量保障系统的另一个重要元素就是儿童早期保教工作者通过记录"教学日志"进行自我监测、评估及改进。卢森堡的儿童早期保教实践工作人员每天或每周定期记录日志，为外部专家和其他人提供儿童早期保教质量相关的文档和信息。这些教学日志主要包含以下内容：①儿童早期保教环境规划与创设等方面的描述；②儿童早期保教实践中的工作常规；③日常组织的儿童早期保教活动清单等；④儿童早期保教工作人员参与儿童早期保教持续专业发展的情况。

总而言之，卢森堡对儿童早期保教的柔性治理与监管体系主要是以"儿童为本"，以"儿童早期保教工作者的实践"为中心，重视并鼓励儿童早期保教质量治理对象参与其中，极大地激发其保障及促进儿童早期保教质量的积极性、主动性及能动性。这种柔性治理体系的构建真正彰显了协商共治的管理理念。

3.刚柔相济的儿童早期保教质量治理与监管体系

刚柔相济的儿童早期保教质量治理与监管体系的最主要特征是既注重来自国家层面的官方制度、法律及相应的规范，又关注来自其他核心利益相关者对儿童早期保教质量的治理与监管、保障及提升工作。其中，瑞典是比较典型的采取刚柔相济的儿童早期保教质量治理与监管体系的国家。

瑞典的儿童早期保教质量治理与监管体系主要是基于布朗芬布伦纳的生态系统理论以及教学质量（Pedagogical quality）的教育学视角，建立在关于学前教育质量的研究以及瑞典学前教育政策和环境的基础上。教学质量是一种新的质量视角，可以定义为主体间性的质量视角。"作为一种教育现象，教学质量是由四个相互作用和相互依赖的质量维度构成的：社会、儿童、教师和学习环境，这些都必须在若干系统的水平上进行评估。"[82]这些主体之间的互动为学前儿童的学习和发展创造了不同的条件，影响了儿童早期学习和发展的认知、社会和情绪等发展结果。通常，较高质量的学前教育具有儿童导向、目标导向，以及交互、沟通和参与等特征；而较低质量的学前教育则表现为这些主体之间互动、沟通和参与方面的局限。

瑞典基于生态系统理论和教学质量的四个维度（社会维度、学前教师维度、儿童维度和学习环境维度），从宏观、中观、微观和时间系统的不同层次考察学前教育质量的治理[83]。社会维度主要包括社会规范、价值、传统、文化和背景以及学前教育的传统。社会维度侧重于关注与儿童以及学前教育有关的政策和社会意图。学前教育教师维度的重点是以儿童的学习与发展为中心，学前教育教师在儿童早期保教实践中帮助儿童全面且富有个性地成长及发展，这与其专业理念与专业精神、专业知识以及专业技能相关。儿童的维度则是从儿童的视角及观点出发，注重儿童的早期学习、发展、参与及幸福感。这一维度的核心是儿童富有意义的交流、互动以及创造，包括儿童之间及其与学前教师的互动。学习环境的维度突出了儿童早期保教质量中可观察的一个方面。它主要涉及早教教师、儿童和其他重要参与者以及早教机构中的空间、材料，早教课程的目标及内容等要素如何在儿童早期保教实践中相互作用以形成一个良好的学习环境，以及这个学习环境如何支持和挑战儿童的早期学习与发展。其中，社会维度主要体现出刚性层面的儿童早期保教质量治理及保障的特征。因为，社会维度主要通过法律等强制性措施推行关于儿童早期保教服务方面的治理。而学前教育教师维度、儿童维度以及学习环境的维度则主要体现出柔性层面的儿童早期保教质量治理及保障特征。

瑞典的儿童保教机构的保教质量主要由教育相关法律进行规范。瑞典市政府也要为学前教育的发展提供硬件设施及软件资源；例如，早教机构的设施设备、足够的工作人员等。根据瑞典法律要求，第三方专业组织或机构必须定期且系统地记录、跟踪、评估和监控学前教育的质量。除此之外，瑞典学前教育国家课程于2010年进行了修订；该课程提出了跟踪、评估和监控学前质量的要求，这需要监测、记录和分析学前儿童的学习和发展。例如，早教课程中关于儿童早期保教质量的各项评价都要以学前儿童的视角为出发点；儿童和家长应该参与此项评估，他们的意见将得到重视；干预评价结果的分析指出了儿童早期学习与发展中至关重要的发展领域。这些层面的儿童早期保教质量保障并不是强制执行的，而主要是依靠儿童早期保教工作者及其他相关人员的专业自主性及专业素养给予保障的。

儿童早期保教服务质量工作还涉及各种相互关联的步骤，这些步骤按照特定的顺序依次进行。这些步骤分别是：计划、实施、观察、记录、评估和分析儿童学习和发展的质[84]。但是，儿童早期保教服务保障质量工作也面临挑战。例如，如何能够全面且客观地获得儿童早期学习及发展的过程性材料，以及如何了解学前儿童个性化的发展？应对这种挑战，注重儿童早期保教过程质量评估的方法之一是教学文档。教学文档主要关注学前儿童的学习与发展过程、学前教师对待儿童的方法和学前儿童早期保教质量的其他方面，以引起不同利益相关者的注意与重视。对于儿童来说，教学文档可以作为儿童回忆、反思和探索情境及进行学习理解的有用工具。对于学前教师来说，教学文档可以向学前教师提供关于儿童的学习过程及理解不同内容方式的信息。对于其他利益相关者（如家长和社会）来说，教学文档可以提供关于儿童早期保教过程质量方面的信息。除此之外，视频观察这种方法也有助于了解儿童早期保教质量与为儿童学习和社会能力发展所创造的条件之间的关系，经常被研究人员开发并用于记录儿童的游戏、互动和对话等内容及理解。

（三）关注儿童早期保教质量评估

儿童早期保教质量评估是收集关于儿童学习及成长的各种相关材料及证据，通过总结及分析等过程评判儿童学习与发展的水平。儿童早期保教质量标准是国家层面关于儿童早期保教质量保障的参照标准及依据，也是早教机构及其他相关社会组织与机构作为对照，进行自评与他评的重要依据及不断改进的工具。

儿童早期保教质量评估与早教课程紧密相连，评估过程中的一个重要环节是观察儿童言语、行为、学习及其他方面发展的变化，并将其与早教课程目标联系起来。评估证据可能包括观察、记录轶事、视频记录和清单，或收集照片和儿童工作的样本。澳大利亚的NQF引入了新的质量标准，以改善长期日托、家庭日托、学前/幼儿园等儿童早期保教服务。NQS为澳大利亚的早期儿童保教服务设定了一个很高的国家基准。NQS主要包括7个对婴幼儿来说非常重要的质量领域。其中的早教项目与实践、儿童健康与安全、物理环境和（早教工作者）与儿童的关系这4个质量领域都与早教课程相关联。

卡特里娜·弗雷泽和塔拉·麦克劳克林（Katrina Fraser and Tara Mc-Laughlin）概述了儿童早期保教质量评估中的五个关键特征，为儿童早期保教质量评估者提供参考和借鉴。这五个关键特征如下：①明确目标；②使用多种方法；③符合可信赖的标准；④促进公平；⑤建立一个强大的文件体系[85]。明确目标即评估者应该清楚且明确儿童早期保教质量评估的预期目的，且这些目标最终指向提升早教教师的教学质量，关照需要干预和特殊教育的学生。使用多种方法即采用多种评估方法尽可能收集全面、客观且科学地反映儿童学习和发展情况的信息。例如，除了儿童早期保教中的学习故事，评估可能还包括由早期保教工作者收集的儿童作业、各类检查表和轶事记录等。由于儿童的行为表现可能不一致并受到各种环境影响，因此必须进行持续评估以确保所收集的数据及信息的可信度。所谓符合可信赖的标准主要是指国家层面制定的早教工作者专业标准。早教工作者专业标准的制定聚焦于早教工作者应具备的职业品格、核心知识与关键能力，并广泛征求研究者、家庭、儿童及社区等相关人员的意见和建议进行修改并最终确定。促进公平，即在评估过程中应考虑儿童文化和家庭语言知识，评估应能够反映儿童的文化和语言背景。评估方法应考虑参与过程中儿童年龄和能力方面的不同特征。一个强大的文件体系包括系列文献记录材料。这些材料记录了婴幼儿学习和发展的证据，可供早教工作者与家庭的沟通和对话并引发专业讨论；它们也是儿童早期保教质量中重要的评估材料。此类文件记录了儿童学习和发展的证据，可供早教工作者与家庭的沟通和对话并引发了专业讨论。作品集是展示儿童参与早教活动的常用手段。学习故事（learning stories）是一种以社会文化为基础的叙事评估形式，它是作品集中最常用的儿童早期保教质量评估的一种形式。"学习故事讲述了学习的过程，以及孩子们对学习的选择；学习故事由儿童文化和社区中所有主要参与者的贡献组成，并反映了围绕着我们和我们的孩子生活的经验圈。"[86]

（四）儿童早期保教工作者专业化资质的认定

儿童在早期保教环境中的日常经验以及儿童早期保教的整体质量等都取决于所有相关从业人员是否具有适当的资格、技能、知识，以及对其自身的专业角色和责任的清楚理解与积极践行。早教教师的专业发展是一种持续的学习过程，即帮助早教工作人员从理论层面到保教实践层面，实现专业理念、专业知识与专业技能的全面提升。扎斯洛（Zaslow）和马丁内斯–贝克（Martinez–Beck）确定了教师专业发展的五个类别：正规教育、证书、专业的在职培训、教练和咨询、实践社区或大学学习小组[87]。许多研究都表明，儿童早期保教工作者的专业素养也是儿童早期保教质量的重要预测指标之一。儿童早期保教工作者的专业素养主要通过职前教育及在职培训等系列方案履行。

1.为儿童早期保教工作者制定专业标准

儿童早期保教工作者的专业标准为从事儿童早期保教的工作者设定最低的门槛及准入标准，以保障儿童早期保教过程质量。

2012年，英国政府颁布了《早期保教专业教师专业标准》（*Early Years Professional Status Standards*）。早期保教专业地位是授予从出生至早期基础阶段结束的学前教育专业毕业生的专业资质认证。这些标准主要涵盖了对儿童早期保教方面的基本知识与能力等的高质量要求。儿童早期保教的专业人士必须具备以下专业素养：①支持儿童从出生到5岁的健康成长和发展；②与儿童直接合作，并与他们的家庭合作，促进儿童的学习和身体发展；③保障及促进儿童的福利；④设定高的期望，激励和挑战每一个孩子；⑤利用观察和评估来满足每个孩子的个体需求；⑥儿童早期保教计划的提供考虑到每个儿童的个人需要；⑦通过促进积极的伙伴关系努力支持儿童，履行更广泛的职业责任；⑧领导实践并培养持续改进的文化[88]。英国早期教育教师的专业标准重点突出了关注从出生至5岁儿童的身心健全发展，重视儿童早期保教伙伴关系的构建以及领导实践能力等。

2018年，挪威儿童早期保教工作人员的专业标准提案中涉及四个主要领域：优先考虑儿童、领先的教学实践、发展更广泛的组织和促进专业化[89]。对于每个标准，列出了4~5个子主题，这些子主题使各种标准的引用更加明确。每个子主题都有2~7个更具体地指向行动层面的儿童早期保教的专业实践。

2020年，全美幼教协会及美国各州通过专业机构征求核心利益相关者的意见和建议，拟定了有关儿童早期教育者能力体系的初步方案，并持续广泛征求意见，对其进行调整与修改。全美幼教协会及美国各州早期教育者提出的能力领域涉及七项：①促进儿童学习与发展；②对儿童的观察、记录与评价；③创设儿童学习环境及建构有意义课程；④提供适宜的教学方法与策略；⑤促进儿童的健康、安全和营养；⑥构建与家庭及社区的伙伴关系；⑦推动其专业发展。"其中，前五者属于早期教育者的保教能力，构建与家庭及社区的伙伴关系属于合作能力；推动其专业发展属于专业发展能力。"[62]

综上所述，儿童早期保教工作者的专业标准包括以下这些内容：创设适宜儿童早期学习和发展的物质环境及精神环境；构建与同事、家庭及社区等人员间的合作伙伴关系；观察、记录及评估儿童的学习与发展；规划其自身的专业可持续性发展等几方面。

2.取得婴幼儿或学步儿教师的专业证书

布朗利（Brownlee）、贝特尔森（Berthelsen）、博尔顿·刘易斯（Boulton-Lewis）都认为，儿童早期保教质量的较高水平与早教教师较高的教师资格和理论水平有关[90]。可见，在儿童早期保教质量的保障方面，婴幼儿及学步儿教师的专业证书或是职业资格证书具有重要意义和价值。

美国华盛顿特区儿童发展协会（The Child Development Associate，CDA）的证书是由儿童早期教育专业认可委员会提供的，该证书项目用来确保候选人符合早教工作者专业资格。该认证计划的目的是通过定义、评估和认可全国各地的儿童早期保教和学习专业人员的能力，提高儿童早期保教质量。在各种环境下工作的早教教师和保教工作人员将获得相应的证书。例如，负责婴幼儿或学步儿童（从出生至36个月的儿童）、学龄前儿童（3至5岁的儿童）、家庭托儿（从出生至5岁的儿童）、家庭拜访（从出生至5岁的儿童）的早教教师和保教工作人员将获得不同的证书。CDA认证计划要求考生掌握符合规范的儿童保教知识与技能，并在早教实践中加以证明。获得早教工作者证书需要验证访问（包括审查候选人的职业组合，观察候选人在工作场所与儿童一起工作）和考试（要求候选人证明在早期儿童保教方面的最佳实践知识）。儿童早期保教工作者要从事儿童早期保教相关的工作必须获得CDA证书，其CDA证书获得的过程包括对专业知识、专业能力和专业理念等方面的评估。早教教师和照料者的能力的测评一般包括三个阶段：首先，确定测评内容与方法；其次，记录测评的信息及资料；最后，进行额外的有针对性搜索，并为每次测评进行总结并创建概要[91]。

获得CDA证书的候选人一般需要经过一次验证访问（由CDA专业发展专家完成）和一次考试（独立评估）。验证访问是由专业测评专家前往候选人的工作场所，回顾其儿童早期专业发展相关的作品集，观察候选人与儿童一起工作的情境，并与候选人一起反思他们的优势和有待成长空间。测评的整个过程主要采用的是"回顾—观察—反思—形成"的模式。CDA专业发展专家使用综合评分工具来确定推荐分数，根据来自儿童早教实践中的证据和观察，确定关于婴幼儿或学步儿教师专业资质的认证计划或方案。

二、儿童早期保教过程质量保障的主要经验

儿童早期保教过程质量涉及儿童早期保教中的微观层面，主要包括：儿童早期保教工作者与儿童之间的互动、儿童早期保教机构中儿童与儿童的互动、儿童与儿童早期保教环境及材料的互动、儿童早期保教工作者与家长及社区的互动；儿童与家长的互动；家长与社区等社会组织机构的互动等。儿童早期保教过程质量保障措施主要包括以下内容：职前培养与在职培训、儿童早期保教实践中的早期保教课程，以及教学方面的内容。

（一）儿童早期保教实践中相关工作人员的专业素养

儿童早期保教工作人员主要涉及早教教师、早教管理者以及其他工作人

员。保证其专业素养的策略既包括职前培养，又包括在职培训和继续教育。

1.支持儿童早期保教过程质量的工作者的特征

儿童早期保教工作者与儿童的互动质量会直接影响儿童保教的过程质量，也会影响儿童早期保教过程质量中的其他互动质量。例如，促进儿童与儿童之间的互动、儿童与材料及环境之间的互动、为儿童与家长及社区的互动提供支持和指导。以下主要讨论儿童早期保教工作者的初始教育、专业发展、工作条件和领导能力如何支持儿童的学习、发展与幸福，进而提高儿童早期保教的过程质量。

（1）支持儿童早期保教过程质量的工作者职前教育的特点

儿童早期保教工作者的职前教育是儿童早期保教过程质量的重要影响因素之一。职前教育是指儿童早期保教工作者在从事相应工作之前接受的教育水平、类型及其特征。

第一，较高的职前教育水平。

职前教育水平较高的儿童早期保教工作者不仅具有系统的儿童早期保教理论知识，而且在早期保教实践中能够敏锐地捕捉儿童早期学习与发展的需要，并与儿童、家长及社区人员等进行高质量的互动。OECD成员国中，具备学士学位或同等学历（ISCED6级）是儿童早期保教工作者最普遍的资格要求。法国、波兰和葡萄牙是资格要求最高的国家，它们要求儿童早期保教工作者必须具备硕士学位或同等学历（ISCED7级）。与早教教师的职前教育水平相比，各国对早教工作助理的资格要求相对较低——最普遍的资格是高中教育（ISCED3级）[92]。

第二，合格的儿童早期保教工作者数量的增加。

合格儿童早期保教工作者数量的增加有助于儿童早期保教过程质量的整体提升。其措施主要包括两个方面：一方面，推出具体措施以激励儿童早期保教工作者教育水平的提升。爱尔兰要求儿童早期保教教师至少拥有副学士学位；但是，对于有大学学位的教师所在儿童早期保教中心的资助额度较高。另一方面，通过制定早教工作者培养标准等确保儿童早期保教工作者职前教育方案的质量及一致性。澳大利亚、爱尔兰及日本都制定了国家层面的职前教育核心课程标准，且与其儿童早期保教工作者的资质要求保持一致。这旨在确保全国范围内合格儿童早期保教工作者专业资质的一致性，以此保障儿童早期保教的过程质量。

第三，基于实践导向的职前教育。

基于早期保教实践的专业学习的一个共同特征是儿童早期保教的理论和实践的结合，它被视为儿童早期保教工作者所必备的核心知识及技能之一。大多数OECD成员国的早教工作者的职前教育和培训项目中，至少需要包括80%涵盖3至5岁儿童早期学习与发展的相关内容要求；也有的职前教育方案至少需要涉及80%的涵盖0至5岁儿童的内容要求[93]。大部分OECD成员国儿童早期保教工作者的职前教育与儿童早期保教课程框架保持一致。涵盖的儿童早期保教内容领域主要包括：儿童发展、儿童健康、课程和教育学、课堂管理、多样性、过渡、家庭和社区参与等。

（2）支持儿童早期保教过程质量的工作者专业发展的举措

儿童早期保教工作者的专业发展是儿童早期保教课程框架变更、早教课程与教学实践调整的必备条件。尤其是儿童早期保教专业发展方案的特点，如其持续时间、组织形式、教学元素和内容重点等都对儿童早期保教过程质量的提升起到至关重要的作用。

第一，嵌入儿童早期保教中心的专业发展模式。

嵌入儿童早期保教中心的专业发展模式可回应儿童早期保教工作者专业发展问题并满足其专业发展的个性化需求。此类专业发展模式注重儿童早期保教工作者的自我评估与反思能力的培养。这种基于实践的批判性反思有助于儿童早期保教工作者生成丰富的早期保教实践性知识，提高他们的教学意识与专业信念，进而影响其形成对儿童早期学习与发展给予积极回应的态度与习惯。在日本，儿童早期保教工作者也经常定期参与地方政府、大学和儿童早期保教相关组织提供的中心嵌入的专业发展或培训，如指导观察儿童、自我反思和同伴学习等专业活动。

第二，设定儿童早期保教专业发展的参与底线。

评估早教教师专业发展质量的调查结果表明，大多数OECD参与国对儿童早期保教专业发展活动没有强制性规定或要求；但是，也有一些国家设定了早教工作者参加专业发展培训的主要内容及最少时间。在加拿大的魁北克，家庭式儿童早期保教提供者需要每年完成一定学时的专业发展，另外要求一半的时间集中于学习儿童早期发展的相关知识及儿童早期保教课程框架。在日本，学前教师需要每十年参加一次大学及其他培训机构提供的规范性早教课程、培训及讲座，考核合格之后将其从业资格证书续期一次。

第三，提供时间及经费方面的支持。

给予儿童早期保教工作者专业发展活动时间与经费方面的补贴或激励可以鼓励他们更多地参与专业发展活动。在3至5岁儿童的儿童早期保教环境中，OECD参加国为教师参与专业发展提供时间保障是比较常见的；但是，在0至2岁及0至5岁儿童早期保教环境中，这种情况发生频率则较低[94]。提供经费及激励措施以支持儿童早期保教专业人员参与专业发展也是必要的。加拿大有执照的儿童早期保教机构将获得补贴用于支付早教工作者参加符合其专业发展需求的教育培训活动等。

第四，评估专业发展需求和参与障碍。

了解及评估儿童早期保教工作者的专业发展需求与障碍，并将之与早教政策相关联，这是有意义的专业发展的起点。OECD参与国定期评估儿童早期保教专业人员的专业发展需求与参与障碍。爱尔兰定期对儿童早期保教机构进行以儿童早期保教质量为重点的检查，并评估儿童早期保教工作者专业发展需要。瑞士儿童早期保教工作者及领导者根据其自我评估的专业需求选择参与有针对性的专业发展主题活动。儿童早期保教工作者专业发展需求较多的内容领域，主要包括：与来自不同文化及社会背景儿童的合作；与父母或监护人等家庭成员一起工作；一般儿童社会情感、运动、认知或自我调节的发展；促进其创造力及问题解决能力[94]。3岁以下儿童早期保教中心的工作人员参与专业发展的最普遍的障碍是因合格工作人员的缺乏难以实现轮岗培训、与工作实践的安排冲突，以及高昂的培训费用等。

（3）支持儿童早期保教过程质量的工作者的工作条件特征

儿童早期保教工作者的工作条件直接影响其工作的积极性及幸福感，间接影响儿童早期保教过程质量。更好的工作条件，如工资、合同状态、组织氛围和工作满意度等与较高的儿童早期保教过程质量相关[93]。

第一，较好的工作待遇。

较高的工资对吸引和留住优秀儿童早期保教工作者是重要的。工资待遇在一定程度上会影响儿童早教工作者与儿童的互动敏感性，进而间接影响早教的过程质量。但是，工资待遇仅是其中的一个影响因素。工作保障也是维持儿童早期保教工作者工作积极性的主要指标之一，它也是对儿童早期保教工作的重要激励。拥有长期合同更可能吸引儿童早期保教员工，并留住现有合格儿童早期保教员工。稳定的儿童早期保教工作群体与兼职员工相比有更多时间和精力与儿童建立良好的互动关系，他们与儿童早期保教过程质量紧密关联。长期或定期合同的儿童早期保教工作人员也将更有可能获得有针对性的专业发展机会。减轻早教工作者的教学压力并提出情感支持也是很有必要的。有研究发现，早教工作者的教学相关压力对儿童早教情感支持质量和课堂组织质量有负向预测作用，而教师的工作投入对教学支持质量有正相关作用[95]。

第二，增加专业发展机会。

较多的专业发展机会支持早教教师专业的可持续性发展及职业幸福，这对支持儿童早期保教过程质量也是重要的。职业发展机会也是影响儿童早期保教工作者留任的重要因素之一。职业发展机会可以激励儿童早期保教工作者继续从事儿童早期保教工作，并给予他们体验努力的收获的机会，这可以提高他们的工作满意度和与职业幸福感。可以通过制定晋升措施与激励措施以支持儿童早期保教工作者专业水平的提升及专业可持续性发展。智利、冰岛、德国和以色列会为儿童早期保教工作者提供有关3岁以下儿童早期保教的专业发展机会。但是，各个国家提供的专业发展机会的差异比较大。造成这些差异的原因可能与培训的具体内容和目标，提供和参与其他类型的专业发展活动以及参与专业发展的频率和时间有关。

第三，儿童早期保教工作者的晋升或加薪。

儿童早期保教工作者通过专业发展获得佳绩进而荣获晋升或加薪，这也会影响儿童早期保教过程质量。在许多国家，儿童早期保教专业人士从业15年后的薪水与他们在最初入职时的薪水非常接近；然而，在比利时、以色列、卢森堡、葡萄牙、瑞士和美国的一些地区，也可能出现工资不断增加的趋势[96]。在法国，早教教师可以获得更高的职位和领导角色，如学校主管或教育顾问。在日本和瑞士，公立儿童早期保教机构的早教教师及领导者根据其工作表现会得到晋升或加薪。

第四，儿童早期保教工作者承担的任务及时间安排。

儿童早期保教工作者的工作环境质量还包括任务的性质、内容及时间安排等。儿童早期保教工作者的工作包括直接与儿童接触的各种活动，还包括个人计划和学习活动；与同事及家长的合作与交谈；记录儿童的学习与发展；参加早教工作者专业发展活动和行政任务等。为不同任务提供灵活的时间安排，以确保儿童早期保教工作者能够为每项任务投入足够的时间；尤其是保证不直接与儿童接触的活动时间可以增加儿童早期保教工作者参与专业发展相关培训的可能性，更可能导致非正式专业学习的效果。

（4）支持儿童早期保教过程质量的领导者特征

领导者的领导能力是儿童早期保教环境中潜在变化及其过程质量的关键驱

动力。领导者作为儿童早期保教过程质量的推进者，为儿童早期保教工作者的高质量早期保教实践提供资源、条件及支持。

第一，成为儿童早期保教领导者的条件。

"超越法规质量"的政策审查报告中谈到，收集儿童早期保教中心领导者最低教育要求的数据显示，儿童早期保教领导者最普遍的资格要求是获得大学学历。0至2岁儿童的早期保教中心约有70%要求儿童早期保教领导者的最低资质是大学学历，而3至5岁儿童早期保教中心在这方面要求的最低比例为40%，0至5岁儿童早期保教中心的设置则低于20%[97]。儿童早期保教领导者应具备儿童早期保教相关的领导知识、技能及经验，这在其初始培训都有所涉及。大多数儿童早期保教环境中，领导者职前教育计划中涉及的内容领域主要包括：教育领导、促进公平和多样性、与父母合作、提供有效反馈、领导研究和理论，以及利用数据提高儿童早期保教的质量；但是各国的差异较大[97]。其中，教育领导是儿童早期保教领导者影响儿童早期保教工作者与儿童及父母互动质量的核心主题。在0到5岁以及3到5岁儿童早教机构中，教育领导是大多数国家经常提及的儿童早期保教领导者应具备的主要能力之一[98]。

第二，儿童早期保教领导者的专业发展。

儿童早期保教领导者参与专业发展也是儿童早期保教过程质量改进的一个关键杠杆。除参加职前教育之外，儿童早期保教领导者还需要参加专业发展以持续提升其专业领导力。

大多数国家儿童早期保教领导人的专业培训是以儿童为中心的，且教育领导能力培训也相当普遍；但是，各国儿童早期保教领导人报告的行政管理培训差异较大。一方面，儿童早期保教领导者参与的专业发展活动是由政府及相关专业组织提供的。例如，瑞士的儿童早期保教有专门的领导力专业发展课程，该课程包括教学和管理两大模块。另一方面，非政府组织也会支持儿童早期保教领导者专业领导能力的提升。在加拿大，领导者可通过非政府组织参与儿童早期保教领导培训。不列颠哥伦比亚省设立了一个专业发展中心为儿童早期保教领导者提供免费的在线学习。

儿童早期保教管理者通过管理者工作坊或研讨会提升其在儿童早期保健管理方面的专业素养。每一位儿童早期保教管理者每年都至少参加一次研讨会，早教中心主任更有可能至少每月参加一次。这类研讨会通常主要聚焦于解决以下问题：儿童早期保教的相关法规与政策的制定、儿童早期保教质量的改进、儿童社会和情感的发展、早教课程的开发及使用。

家庭式早教机构领导人比早教中心主任更有可能接受辅导，帮助他们管理项目的预算、营养和膳食计划、早教课程计划和儿童早期读写能力方面的培训。对家庭式早教机构领导人和早教中心主任的指导通常都会涉及儿童早期学习的要求、质量改进以及社交和情感发展。家庭式早教机构的领导者和早教中心主任都表示，他们仍然需要关于早教课程使用及开发、儿童早期保教质量改进、早教法规及政策的遵守及早教课程规划的专业发展培训。早教领导们更有可能需要关于预算或是会计方面、符合儿童早期学习要求等方面，以及关于早期保教教师与儿童之间互动的专业发展培训[98]。

2.儿童早期保教教师的职前培养

职前教师教育领域一直受关注，因为它们能为教师进入儿童早期保教领域后应对多样化的早教实践做好准备。早教课程的理论课程体系为其专业知识的习得奠定了坚实的理论基础；但是，早教专业的教师教育者必须依靠扩展的早教实践经验引导职前早教教师理解儿童早期保教的实践，并采用证据支持儿童早教实践；在复杂且日益多样化的外部及内部环境中支持他们应对挑战。

儿童早期保教工作人员的职前教育及培训计划的制定与实施方式因国家而不同；一些国家在此过程中给予高等教育机构以自主权，而另一些国家则主要依靠多个核心利益相关者的贡献，并受到儿童早期保教管理当局的严格监督与管理。强有力的专业认证计划及方案是儿童早期保教质量的重要保障措施之一，它确保了儿童早期保教工作人员在进入工作领域后具备所需的专业知识与专业能力。职前教育和职后培训的管理也是引导早教工作者专业朝着新一代未来需求的共同愿景工具。

虽然儿童早期的范围通常是从出生到8岁，但是，许多早教教师准备项目并没有充分覆盖3岁以下儿童早教内容，即表现在培养计划中不包括整个婴幼儿阶段的课程及教育实习安排，因为它们更关注3至8岁儿童的学习与发展[99]。诸多国家的儿童早期保教教师学位证书的培训范围是对学前阶段的儿童的保教。在职前教育阶段中，高等师范类院校的培养方案以及主要课程体系也主要侧重于3至5岁儿童的早期保教；对于0至3岁儿童的早期保教并未涉及太多。在职前教师教育中，关于0至3岁儿童的早期保教课程的开设较少；因此，教师的相关专业经验较少（相比于针对3至5岁儿童的早期保教）。而且，这两个年龄段的过渡以及衔接方面的教育也有待改进。这导致出现了比较明显的"两极分化的儿童保教系统"。也有很多国家意识到这一问题，并尝试做出改进。各国为了满足儿童早期保教中心的保教服务需求，以及构建高质量的早期保教项目，主要采取了以下措施：通过政策及制度提高儿童社会保教的参与率；培养并提供数量充足且专业化水平高的早教师资队伍[100]。

实践证明，有必要关注教师在参与儿童早期保育和教育之前接受的相关课程学习及教育实习经历，因为其内容范围及质量影响教师在未来早教工作中的专业素养，以及他们是否能灵活地应用和适应儿童的需求。朱莉娅·曼宁·莫顿（JULIA MANNING-MORTON）认为，教师对婴幼儿看护人的准备工作不能通过标准的、以内容为中心的培训来充分解决，而必须在一个支持性、安全的、以过程为导向的环境中进行。在她的研究中，她描述了一个项目，通过这个项目，早教执业者可以将他们的经历与孩子的经历及经验联系起来，即将对儿童的观察、理论知识和个人经验联系起来，这有助于记住儿童的声音[101]。与儿童一起工作的经验为早教教师创造了机会，以重新思考他们关于儿童认知、情感、个性及社会性等方面发展的能力。通过照顾以及与儿童建立联系，尤其是与非常年幼的学步儿互动，学前教育专业的学生们改变了他们作为早教教师应该主动控制或是限制儿童的先入为主的观念。传统的婴幼儿理论倾向于将婴幼儿视为无能、无力和完全依赖的，将权力和权威留给成年人。儿童的生理需求和对成人的依赖构建了成人的一种自然权威，即成人限制或控制儿童的吃、喝、拉、撒等行为。在早教实习期间，学前教育专业的学生们发现那些"无力"的儿童是如何让他们感到震惊，并深深感到自己的无知与无能。"他们先入为主的教学观念和课堂之间的'脱节'给他们带来了挑战；然而，挑战也给他们带来了学习机会，因为他们发现了在实践中观察的力量，以及这是如何有效地推动他们更好地理解婴儿的需求和能力并对他们做出回应。"[102]因此，学生必须发展理解婴幼儿的非语言行为的意思的能力，以便理解和适当地回应婴儿的生理需求及安全感等方面的精神需要。当学生们了解观察的力量，从而理解婴幼儿与他人以及照顾者交流的独特方式时，他们开始把婴幼儿视为非常强大的生物体。婴幼儿教会了学前教育专业学生成为早教教师的一些非常有意义的东西。

在教师教育项目中，提供新教学技能的实践机会被视为促进和提高教师以积极方式影响儿童发展和学习能力的关键因素。学校和社区的教学、学习和领导（Teaching, Learning, and Leading with Schools and Communities，TLLSC）是基于大学、学校和社区组织等建立的合作伙伴关系模式开展的，是一项基于教育实践场域的本科早教教师教育计划，主要专注于培养职前教师统筹协调早教机构、家庭及社区等资源、用于儿童早教的实践教育能力。"TLLSC旨在培养具有弹性和反思性的教师，使他们具备良好的知识、技能和性情，以便进入该领域，与城市社区的儿童、家庭和学校进行有效的实践。"[103]TLLSC项目主要分享有效的儿童早期保教工作者的使命和期望以持续支持和更好地服务多样化的家庭，提供高质量且适合儿童学习和发展的环境。TLLSC是通过与儿童早期保教实践基地的跨学科合作而发展起来的，其对早教专业教师的培养采取的是大学与社区机构、幼儿园或早教机构协同配合的伙伴关系模式。这一模式基于这样的信念：教师教育必须建立在以实践为基础的专业学习理论之上，并关注高校、早教机构，以及社区机构等方面的需求。与传统的以大学为基础的教师教育项目模式相比，TLLSC的关键区别主要体现在，大学教师教育者与教育实践基地的实践导师共同助力于教师的专业成长，促进教师在儿童早期保教的真实环境中进行实践性知识的积累与教育教学实践能力的提升，为他们将理论知识与实践知识相整合提供契机。TLLSC的特点如下：①教育实践学习从学生入学就开始实施；②大学教师教育者与实践导师定期合作，共同分析讨论各种活动和作业，而且会进行示范、支持，提供反馈以促进学生们的早教知识向早教技能的转化；③项目管理员在整个设计过程中协作合作，以确保他们互帮互助及共同进步。

澳大利亚的四年制儿童早期保教学位证书为毕业生提供了多种职业道路选择。例如，在澳大利亚的昆士兰州，一名学前教育教师有资格在一系列环境中指导从出生到8岁的儿童。就业选择包括早教中心为基础的儿童保育（招收从出生至5岁的儿童）、幼儿园或学前班（招收3至5岁的儿童）和小学低年级（招收5至8岁的儿童）。但是，大多数学前教育教师都不会选择在早教中心从事0至3岁儿童早期保教的相关工作。因为，他们始终持有一种消极的教育教学理念，即婴幼儿都是无能的，照顾婴幼儿不需要太多专业素养。此外，早教中心的工作人员的社会地位及经济收入等都不如幼儿园教师或小学教师乐观和理想。当然，除此之外还有其他原因。例如，不同的条件、课程、教学方法、教师监督和质量问题都是造成早教中心或早教机构中的儿童保教工作具有复杂性及挑战性的重要原因，这可能会导致教师对早教中心托儿工作的消极态度。儿童早教中心的托育服务质量的关键决定因素主要是早教工作人员的专业资格。专业资格又与职前婴幼儿教师需要为工作做好准备相关联。儿童早期保教教师教育项目主要包括以下方面的内容：课程设置、教学策略、儿童发展、课程内容知识、教学方法和专业经验等。

在澳大利亚，儿童早期保教主要由澳大利亚儿童保育和教育质量管理局（Australian Children's Education and Care Quality Authority，ACECQA）监督。ACECQA的作用是支持及促进儿童早期保教的质量。ACECQA的部分责任则是批准儿童早期保教教师的培养及培训项目，即大学向ACECQA提交申请和费用，以批准他们的教师教育项目。2017年起，澳大利亚的高校必须根据ACECQA于2014年制定的相关课程指导方针重新进行认证。这就意味着，澳大利亚高校在审查候选人的早教教师培养资质时必须要保证早教课程中有关于从出生至3岁儿童的早期保教方面的规划和分配中遵循的具体指导方针。

专业经验是教师教育项目的关键组成部分，也是理论和实践联系的关键。被ACECQA批准的早教教师培养项目都有一个共同特点，即都有10天的婴幼儿专业经验培训。例如，澳大利亚的新南威尔士以及南澳大利亚的早期保教专业教育硕士培养方案中都包括了10天专业经验培训。这说明在一定程度上，澳大利亚开始关注和重视3岁以下儿童的早期保教工作。但是，10天的专业经验培训是否足以确保早教专业学生获得了必要的知识和技能，这还是值得商榷的。

亚当·肯尼迪（Adam Kennedy）和安娜·李（Anna Lee）提出了关于学前教育专业教育的多层支撑系统。这些支持系统主要包括：普遍性的支持系统、有针对性的支持系统和密集性的支持系统[99]。普遍性的支持系统促进职前学前教育教师与儿童的互动学习和促进学习、语言和发展；主要包括："每日研讨会活动、模块化阅读作业、课堂作业延伸、通过建模或反馈进行日常指导、同行或教师对教学视频的反馈，每周课堂反馈或进度监控图表，在老师的监督下策划合作活动。"[99]有针对性的支持系统是针对需要额外投入以取得进展的学前教育学生提供的支持；其措施主要包括："增加普遍性支持、额外的日常反馈、指导自我/同伴视频的回顾和讨论、教师与教师有针对性的互动行为。"[99]

密集性的支持系统主要是针对进展较小的学前教育学生提供的。密集性的支持系统主要包括："展开有针对性的支持，针对个别学生的会议以及改进计划。"[99]

3.儿童早期保教教师的在职培训

儿童早期保教的质量与儿童的学习与发展结果有关。而儿童早期保教的质量又与早教教师的在职培训以及继续教育有关。儿童早期保教教师的在职培训与继续教育涵盖了早教教师的教育和培训机会，包括参加专业讲座和研讨会以及获得大学学士学位等。儿童早期保教教师的在职培训与继续教育都支持早教工作者的专业知识、技能和理念的获得，旨在改善教学进而有利于儿童学习与发展的结果。这些在职培训并不一定有利于早教教师获得正式的证书或学院层面的相应学位。但是，早教教师的在职培训的确会在一定程度上影响儿童早期保教质量。弗兰齐斯卡·埃格特（Franziska Egert）等人的研究表明，"教师层面的在职培训对儿童早期保教过程质量的影响程度达到了中等水平；并且，早教教师在职培训质量水平对于儿童早期发展效应差异的解释率为53%，这说明二者之间具有显著正相关关系。"[104]

儿童早期保教工作具有复杂性，在儿童早期保教实践中保教工作者承担着多种角色。例如，他们不仅与儿童、家庭、同事、领导及其他相关社会机构合作，而且是早期保教实践的反思者。然而，儿童早期保教工作者往往没有太多机会通过专业的培训、技能学习承担这些多重角色，甚至没有可供寻求支持的网络资源。人们越来越意识到，入职后的早教工作者在专业方面的持续发展与其所提供的儿童早期保教质量密切相关。塔马拉·卡明（Tamara Cumming）、詹妮弗·萨姆辛（Jennifer Sumsion）、桑迪·黄（Sandie Wong）的研究都认为，招聘和保留合格的早期保教工作者，并关注、支持及加强早期保教工作者的专业能力都是提供高质量早期保教服务的前提和基础[105]。

目前，儿童早期保教质量面临的最大的挑战之一是儿童早期保教工作者的流失或流动。高水平儿童早期保教工作者的流失或流动被认为对婴幼儿、家庭、早教中心等产生了负面影响。为了应对这一挑战，除了为早教工作者提高薪酬及福利待遇，还应该注重为早教工作者提供在职培训的支持及聚焦于早教问题的教育培训。大多数儿童早期保教工作者在职提升项目或计划的重点都聚焦在提高早期保教工作者的资格和能力方面，通过各种专业发展活动满足儿童、家庭和社区的多样化需求。

线下的早教在职培训主要以学术沙龙、参观、观摩学习及讨论，以及分享优秀早教工作者的成功经验等方式开展。阿里安娜·拉扎里（Arianna Lazzari）的研究提到组织来自不同地区的儿童早期保教从业人员进行专业交流，这已日益成为改善儿童早期保教共同体的普遍策略。专业交换计划被设计成同行学习计划，由实践者在教学协调员的支持下自行指导。这些计划的结构围绕以下方面进行：①研究访问，从业人员向来自其他环境的同事展示他们的服务；②实地观察"主办方服务"的日常做法；③早教从业人员会议，在会议期间集体介绍和讨论每个服务的教育项目及其文件[78]。专业交流计划的主要特点是，早教从业人员的意图是明确儿童早期保教的教学标准，以支持他们的日常实践，并不断努力将自己的经验与同事的经验联系起来。通过不同观点之间的不断对话与碰撞，从业者的专业精神得到提升，从而加深对实践背后教育选择的反思。通过这种方式，从业人员对他们日常工作中的假设提出了质疑，这为创新打开了可能性。尽管有这些共同的特点；但是，专业交流计划是根据其所处的社会和文化环境的不同需要而形成的。

儿童早期保教协调员和从业人员共同参与儿童早期保教质量的监督与保障；这项对参与共同体的所有人员的专业发展的投资提高了他们的反思能力和教育实践的质量。这些举措旨在促进从业者和协调员获得反思立场。它们提供了不同的参与环境，专业人士可以在其中系统地体验共享的体验。针对早教中心工作人员的举措是在团队基础上组织的，由两个结对的早期保教从业人员及其教学协调员参加。针对教学协调员的举措也是在地区小组的基础上组织的，并将市政和补贴服务的协调员组合在一起。所有团队都由一位导师陪同，导师支持他们讨论和分析实践，并且规划和实施创新和改进行动。

但是，由于地域限制、时间冲突、新冠肺炎疫情等客观原因，线下在职教育培训的组织可能性较少，线上培训取而代之地成为早教工作者专业发展的流行趋势。多学科网络作为工具，支持了在日托中心工作的儿童早期保教服务工作者履行他们的职责及承担他们的角色。早教工作者能够通过网络与其他同事、学校和更广泛的社区建立合作伙伴关系，以获得专门知识、资源和支持，其受益面不断扩展到非网络成员，即儿童及其家庭。

英国儿童早期保教供应商确保所有员工接受入职培训，以帮助他们了解自己的角色和责任。上岗培训必须包括关于保障儿童身心健康和安全等方面的信息。提供者必须支持工作人员接受适当的培训和专业发展机会，以确保他们为儿童提供高质量的学习和发展机会及经验。在职培训必须每三年更新一次以适应新时代儿童保教工作的专业人员。

意大利还启动了一个以两项主要行动为中心的保障儿童早期保教质量的项目[78]。教育协调员与一个研究小组一起组织一项关于儿童早期保教质量监测评估的倡议，教育协调员会以平等身份参与有关儿童早期保教质量的规划及其改进的全过程。儿童早期保教质量评估过程包括介绍和讨论活动，其中所有协调员平等地参与分析教育实践质量的规划以及改进的全过程。第一项行动是引入教育协调员的专业概况，随后雇佣了多名协调员。他们被分成地区小组，负责监测该地区的儿童早期保教服务以支持、帮助早教工作人员的工作并促其改进。教育部的一个中心团队协调了他们的活动，并组织了早教工作者专业发展活动。此外，由市政当局资助的为3岁以下儿童提供私人服务的机构还须雇用教学协调员并与市政工作队建立网络。第二项行动是针对所有市政和补贴服务的协调员和早教从业人员的在职培训长期计划。所有针对教育者和协调者的举措都是根据相同标准组织的，并侧重于儿童早期保教质量的主要组成部分。主要包括：儿童和家庭的社会和心理需求以及儿童早期保教服务的期望、时间安排、游戏材料的选择、游戏和保教活动的规划、保教工作者与家长之间的关系。这些问题是通过基于观察的教育实践分析和讨论来探讨的。

（二）儿童早期保教课程或教学框架的设计、实施及监控

儿童早期保教课程或教学框架是一个关于优质儿童早期保教的愿景或蓝图。它阐明了关于儿童、家庭、政府、社会机构等多个利益相关者围绕儿童早期保教质量的互动与对话，该框架为之提供了方向与指导，是其坚实的基础。国际经合组织和联合国儿童基金会，也建议各个国家建立课程标准或教学框架以保障高质量的儿童早期保教服务。儿童早期保教课程与教学框架的总体愿景具体如下：以提升儿童早期保教的质量为目标；为出生至入学前儿童的身心发展提供必备的素材及积累有益的经验；为学前儿童进入小学做好准备，以及在小学适应及学业上获得助益。

儿童早期保教课程或教学框架有助于实现为"每个孩子的全面且富有个性化的发展"这一目标。但是，各个国家的儿童早期保教的课程框架或教学框架的差异比较大。有的课程框架或教学框架是针对某一特定年龄段儿童设置的。比如，日本的《幼儿园国家课程标准》（*National Curriculum Standards for Kindergarten*）是国家层面的针对3至6岁儿童的强制执行的课程标准；日本的《日托中心国家课程标准》（*National Curriculum Standards for Day-Care Centre*）是国家层面的针对0至2岁儿童的强制执行的课程标准。而有的学前儿童保育机构的国家课程则是针对出生至入学前的所有年龄段儿童所设置的。例如，爱沙尼亚的《学前儿童保育机构的国家课程》（*National Curriculum for the Preschool Child Care Institution*）、丹麦的《教学课程》（*The Pedagogical Curriculum*）、澳大利亚的《归属、存在与成为：澳大利亚早期学习框架》（*Belonging, Being & Becoming: The Early Years Learning Framework for*

Australia）等，这些都是国家层面的针对所有学龄前儿童的强制执行的课程框架。虽然其针对的儿童的年龄范围不同；但是，指定儿童早期保教课程或教学框架的依据及流程设计内容都有共通之处。

1.儿童早期保教课程或教学框架各部分的设计

（1）基于法律及专业实践，设计儿童早期保教课程或教学框架的共同目标

儿童早期保教课程或教学框架的目标关涉到儿童早期学习与发展的主要领域内容，有关早教教师、管理者及研究者的使用指南引导及示例等具体内容。综述已有儿童早期保教课程框架的共同目标，确定主要依据包括两个方面：国家层面的相关法律以及早期保教专业实践。

首先，依据国家与国际的儿童早期保教的相关法律。许多国家在制定早期保教课程或教学框架前都做了充分的准备及基础工作。其中，符合国家相关法律的宗旨及规范等是筹备工作中重要的一环。这些相关的法律涉及本国有关早教教师的专业标准、学前儿童的权益保护，以及其他有关儿童早期保教方面的法律等方面的内容，还涉及国际的一些相关法律条文等。例如，许多国家都参考的一个关键的法律条文是《国际儿童权利公约》。其中，为保障儿童的最佳利益应主要考虑第3条规定。保护的原则意味着各国承诺保护儿童免受剥削或忽视等有害的影响。具体规定如下：各国承诺确保儿童享有充足的基本设施，包括营养、医疗、教育和社会保障等。参与原则意味着儿童有权参与社会生活，并有权在涉及他们的任何决定中发表意见和建议。即使对于年龄较小的儿童来说，这也意味着早教工作者应密切关注儿童的需求，并将这些考虑到儿童早期保教中。

许多国家从国家层面考虑及设计儿童早期课程或教学框架时都会参照学前教育教师专业标准等相关文件，以保持二者的一致性。例如，比利时的儿童早期保教框架是由根特大学和鲁汶大学的一个研究小组依据本国与儿童早期保教相关的立法文本中的要求制定的[106]。有的也会参考学前教育等相关协会的相关规定。比利时就参考了婴幼儿保育组织的佛兰德斯议会法案。该法案提出了关

于婴幼儿保教的期望。例如，其中的第3条提到佛兰德斯社区在育儿方面的目标是提供一个家庭经济可以负担得起和能够直接访问的儿童早期保教服务；除了社会公共的儿童早期保教服务，儿童家庭中的重要成员也应学习尊重儿童，并科学地进行家庭保教。

其次，兼顾多个利益相关者的儿童早期保教专业实践。多个国家的儿童早期保教课程或教学框架的制定都由多个核心利益相关者共同参与。尤其是来自儿童早期保教实践一线的早教教师及管理者。例如，儿童早期保教服务机构、家长、社区及其他利益相关者等代表组成的大型代表团参与早期保教课程或教学框架的沟通与磋商。儿童早期保教机构希望与父母一起参与儿童早期的认知、情感、社会性等方面的学习与发展的活动，并进行监督与测评。家长则希望儿童早教课程框架的目标、内容及实施有利于儿童的全面的、个性化的发展。澳大利亚《儿童早期学习框架》（*The Early Years Learning Framework for Australia*，EYLF）是由澳大利亚政府与州和领地政府、行业和学术界通过座谈会、公共论坛和焦点小组以及案例研究试验制定的。该早教框架的共同愿景是"所有儿童都能体验到引人入胜的学习，并获得成功的体验。"

最后，设置广泛且具有特殊性的儿童早期保教课程框架目标。囊括范围广泛的儿童早期保教课程的框架目标主要包括两个方面。一方面，是针对儿童早期的认知、情感及社会性等方面的发展。例如，儿童早期的学习与发展目标可以包括以下领域范畴：能力的培养（如合作、沟通、想象力等）、价值观或原则的形成（如尊重与平等），以及传统学习领域（如数学、语言及艺术等）。另一方面，0至6岁儿童的早教课程框架囊括出生至入学前儿童的发展与学习的需要。3岁前儿童与3至6岁儿童在身体发育、心理发展及社会性方面等发展都存在阶段性的差异，广泛的早教课程框架也应囊括这些差异。

具有特殊性的儿童早期保教课程框架目标也包括两方面。一方面，是秉承教育公平的原则，关照在学习与发展方面有特殊需要的儿童，即身体发育、心理发展、生活自理能力、社会事业能力等低于正常的儿童。例如，身体有部分残疾的儿童、注意力有缺陷的儿童等。另一方面，在儿童早期发展与学习的不同领域设定特定的技能目标也是很重要的。例如，在认知方面设定识字、计算、解决问题等儿童能够达到的目标，在社交情感技能方面设定囊括自我调节、与同伴的交往与合作等能够达到的目标。

（2）遵循核心原则并将早教课程框架同预期的儿童学习与发展成果相关联

澳大利亚的EYLF确定了当前高质量儿童早期保教实践的理想样态。EYLF中阐明了支持儿童早期优质学习体验的五项原则：安全、尊重和互惠的关系，伙伴关系，高期望和公平，尊重多样性，持续学习和反思练习。同时，概述儿童早期保教教学意图的八个实践领域：①采用整体性教学方法；②对儿童有回应；③通过游戏规划组织儿童学习；④有意教学；⑤创设对儿童学习产生积极影响的物理和社会学习环境；⑥重视儿童及其家庭的文化和社会背景；⑦提供连续性的体验并使儿童能够体验成功的快乐；⑧评估和监测儿童的学习情况，提供信息并支持儿童达到学习效果。描述了儿童早期保教的五种学习成果，旨在认识到优质学习的复杂性和相互关联性。成果1：儿童有强烈的认同感；成果2：儿童与他们的世界相连并为他们的世界做出贡献；成果3：儿童有强烈的幸福感；成果4：儿童是自信且积极参与的学习者；成果5：儿童是有效的沟通者。早教课程的框架可以与儿童早期学习与发展的几个实践领域的成果及原则相关联，后者还可以作为完善、调整及修订早教课程框架的标准或依据。

（3）儿童早期保教课程框架的主要内容领域

儿童早期保教课程框架的主要内容领域与婴幼儿及学步儿的学习与发展的关键经验与核心能力紧密关联且保持一致。儿童早期保教课程框架应涵盖广泛的实质性内容，以支持儿童的整体学习和可持续性发展。

其一，大多数国家的儿童早期保教课程或教学框架都蕴含着共同的内容领域。这些共同的领域主要指向学前儿童应该具备的核心能力以及关键经验。

比利时《婴幼儿及学步儿保育的教学框架》的设计与制定就考虑了四个方面的核心能力与关键经验：我与其他人、世界探索、沟通与表达、身体和运动。"我和其他人领域主要涉及儿童有机会与他人建立联系，并成为儿童早期保教中的一部分；主要包括积极认同、情绪健康、社会发展、关联性、进取心；世界探索领域主要涉及在早期保教机构中，儿童保持积极乐观的探索精神的同时，有机会发展智力；主要包括探索物理世界、训练数理逻辑思维、认识社会世界及其多样性；沟通与表达领域主要涉及在早期保教机构中儿童有机会与其他儿童和成人交流，他们处于充满挑战且语言丰富的环境中；主要包括语言发展、使用多种语言、非语言表达、创意表达、身体和运动领域主要涉及儿童关于其身体变化的感知及身体的控制；主要包括大肌肉运动以及精细动作的操作。"[106]

英国教育部于2021年颁布的《早期基础阶段的法定框架》（*Statutory Framework for the Early Years Foundation Stage*，EYFS）特别强调通过儿童早期保教课程中的"沟通和语言""身体发育""个人、社交和情感发展"[107]这三个内容领域为儿童早期的学习与发展打下坚实的基础。EYFS中共包括儿童早期学习和发展的七个内容领域。儿童早期保教培训的提供者还必须在四个特定领域为早教工作者提供支持，进而使儿童在这几个领域的能力得到发展。其他的四个主要内容领域包括："识字""数学""了解世界""富有表现力的艺术和设计"[107]。

总之，通过梳理各个国家的儿童早期保教课程框架，可以了解到它们的共同领域："身体健康""尊重他人""合作""读写或口头语言"以及"艺术表达和欣赏"等。

其二，儿童早期保教课程或教学框架中的内容领域还应该与21世纪人才应具备的素养相呼应且相契合，为其做好准备工作。儿童早期保教课程或教学框架也应该回应21世纪人才所应具备的核心素养。21世纪儿童早期保教人才应具备的核心素养主要涉及早教工作者的专业知识、专业技能、专业理念与价值取向、专业发展态度以及在不同环境中这些能力的发展。这些核心素养也被纳入儿童早期保教核心课程并成为主要组成部分。这些核心素养主要包括：思考和学习能力，文化素养、互动与表达，自理能力，日常生活技能，安全，多元文化素养，掌握及运用现代信息技术的能力，工作生活技能和创业精神，对可持续未来的参与、影响和责任。儿童早期保教课程中涉及的部分内容领域，例如，"身体健康""尊重他人""合作""读写或口头语言"以及"创造力及其培养"等都与未来21世纪所需要的人才相契合。

（4）儿童早期保教课程或教学框架的使用指南及实施建议

儿童早期保教课程的实施关涉到早教课程目标的达成情况以及对于早教课程内容领域的理解与解读情况。

其一，有的早教课程及教学框架为各个核心利益相关者提供了早教课程框架的使用指南及建议。例如，澳大利亚教育部为早教工作者提供了一份详细的《早期学习框架教育工作者指南》；同时也为家长提供了一份比较简略的早教课程使用及阅读指南以保障儿童早期保教课程的有效落实。

澳大利亚的早教工作者关于儿童早期保教课程的使用指南涉及的主要内容包括：反思性实践[进行儿童早期保教课程的决策（这是实施框架的关键），将教育教学信念和理论观点与实践联系起来，探索早教课程框架的原则、实践和学习成果之间的关系]；伙伴关系（早教工作者与家人和社区一起工作）；文化能力；教育工作者之旅；与澳大利亚原住民和托雷斯海峡岛民文化合作的能力不断增强；学习的连续性和过渡；学习评估；学习结果等。

关于家长的早教课程使用指南涉及的主要内容包括：儿童早期保教课程或教学框架的理念、目标及主要内容；早教工作者如何实施早教课程等方面的工作。其目的是让家长意识到早教工作者与家长交流合作的重要性及合作的内容与途径等。

关于社会机构的早教课程使用建议主要包括：根据儿童、家庭和早教从业人员的需求，其他机构和服务机构应该与早教机构密切合作。例如，早教机构可与当地科技馆、博物馆及艺术馆联系。与学前儿童家长沟通的社会机构涉及育儿支持服务机构、家庭学校及儿童早期保教专业治疗师（例如，职业治疗师与语言治疗师等）。儿童早教机构还可与其他早教机构、当地托儿管理中心、社区服务机构、社会福利公共中心、儿童与家庭中心、儿童之家、职业培训局等相关社会机构进行定期沟通、交流及合作。

其二，有的国家会为早教课程框架的有效实施提出保障措施以确保早教课程的有效落实。这些保障措施主要包括以下内容：对从业者实施早教课程相关培训活动与支持，支持从业者关于儿童早期保教实践进行自我反思；早教领导者提升其组织与管理能力；有关监督与评估（观察、记录、分析及调整）等活动的实施。

有的早教课程框架会配套提供一些关于早教工作者解读及如何实施早教课程的免费网络培训资料及网址等信息，并组织线下的关于早教课程解读与实施的培训活动。英国儿童早期保教工作者在向教育标准局或儿童保育员机构注册之前，必须帮助他们完成理解和实施《早期基础阶段的法定框架》的培训工作。英国还为每个孩子提供了一个关键人物——他们的角色是帮助确保保教服务符合每个儿童的个人需要，帮助儿童熟悉环境，为儿童提供稳定的关系并与他们的父母建立联系。

儿童早期保教课程的实施、监督及评价等都需要鼓舞人心的领导者。部分国家的儿童早期保教课程框架中的使用指南强调，早教领导者的领导能力有助于保障儿童早教课程的实施。他们认为，领导者的有效管理能够通过创造一个良好的工作环境，为观察、记录、反思、评估和调整实践、团队合作、计划，以及与父母和其他机构的合作安排充足时间与空间以满足利益相关者的高期望；良好的领导能成功地激励早教工作实践者，并为儿童早教发展提供美好的愿景。

为保障早教课程及教学框架的有效性，早教课程或教学框架实施后运用监督及评估框架开展检查及改进工作。监督及评估主要涉及观察、记录、分析和调整等方面。集中观察使早教工作者快速调整和适应儿童早期保教实践成为可能。这种在不断变化的环境中进行灵活调整的意愿和方向是高质量儿童早期保教服务体系运作的基本组成部分。观察也是记录和评价的基础。系统和集中的观察使儿童早期保教实践中的问题及困惑可见。早教工作者与家长可以针对这些问题和困惑进行讨论，做出适度的调整与改变。它们为周期性的自我评估奠定了基础。观察的重点是儿童与他人的互动、儿童与生活和学习环境的互动、儿童的经验、家长在家庭育儿过程中主要采取的育儿方式，以及家庭参与儿童早期保教活动的频次与方式。通过这种方式，儿童早期认知、情感及社会性发展变得可见，并构成早教工作者与家长沟通对话的基础。每次评估都是透明和民主的，并且相关团队与家庭等各方会进行充分讨论与交流。

2.支持过程质量的儿童早期保教课及教学框架特征

（1）覆盖不同年龄段儿童的学习与发展需要

儿童早期保教课程框架涵盖的年龄范围是0至5岁。涵盖广泛年龄范围的儿童早期保教课程框架要适应不同年龄阶段儿童的发展需求。调查结果显示，40%的OECD参与国没有针对0至5岁儿童的共同早教课程框架；14%的OECD参与国没有为0至2岁的儿童制定专门的课程框架，捷克共和国、法国、以色列、葡萄牙和斯洛伐克共和国就是这种情况[94]。涵盖0至5岁儿童的儿童早期保教课程也分为三种情况：①一些国家虽然为0至5岁的儿童开设了共同的早教课程；但在其他环境下为3至5岁儿童又开设了不同的早教课程，两者之间没有交叉和重叠，例如芬兰和日本。②既有共同的早教课程框架，又针对0至2岁儿童和3至5岁儿童单独开设各自的早教课程，例如挪威和澳大利亚。③只有涵盖0至5岁儿童的早教保教课程共同框架，但是没有针对不同年龄段的单独课程，例如新西兰。共同的课程框架有利于不同年龄段儿童早期学习与发展的过渡与衔接，基于不同年龄段儿童学习与发展需求的不同，增设独特的早教课程。

（2）以儿童为中心的课程框架

OECD参与国越来越认识到制定以儿童为中心的课程框架的重要性[94]。以儿童为中心的早期保教课程框架主要体现在课程目标的设置与课程内容两方面。

OECD成员国的大多数涵盖0至5岁儿童的早教课程都是以儿童为中心来设置目标的。这些课程结合广泛的概念或能力、价值观或原则，以及传统学习领域来设置目标。其中，前两项课程目标在涵盖0至2岁及0至5岁儿童的课程框架中较常见。例如，爱尔兰的儿童早期保教课程目标涉及原则和价值观；包括12项体现课程框架核心价值的原则，如"平等和多样性""儿童的独特性"和"整体学习和发展"[94]。而传统学习领域的目标在针对3至5岁儿童的课程框架中更常见，这旨在与小学课程保持一致。3至5岁儿童的早教课程为语言、数学、科学和技术、体育和艺术教育等设定了目标。

自主游戏最能凸现婴幼儿的自主性、能动性与创造性，这凸现了"以儿童为中心"的理念。儿童的自主游戏是儿童早期保教课程框架的主要组成部分，也是OECD主要成员国儿童早期保教课程框架的主要目标之一。例如，在斯洛伐克共和国，学前教育的总体目标之一是支持儿童通过游戏、体验和探索参与生活和学习。日本的儿童早期保教课程框架基于这样的信念，即教育目标是通过以游戏为中心的教学来全面实现的，并通过游戏促进学习，将游戏作为儿童的一种自发活动。

（3）广泛的儿童早期学习与发展领域

儿童早期保教课程框架涉及的儿童早期学习与发展领域覆盖面比较广泛，以支持儿童的认知、社会、情感等多方面的发展。儿童早期保教课程框架中的儿童学习和发展领域主要包括：态度、原则和价值观、知识与技能。所有儿童早期保教课程框架都将"尊重他人"及用"外语交流"作为主要内容。大多数儿童早期保教课程框架都包括识字、口语、合作、尊重多样性、游戏、艺术表达和欣赏，以及身体健康等内容。儿童早期保教课程框架中最不经常包括的内容是实践或自理技能，以及通信技术技能。

3.儿童早期保教课程或教学框架的实施

（1）以婴幼儿为中心的建构主义取向教学方法

狭义的儿童早期教学法是指早教工作者为支持婴幼儿早期的发展、学习与幸福，在与儿童、环境及材料的互动过程中采用的教学方法及策略。大多数OECD参与国的儿童早期保教课程框架倡导使用多种教学方法及策略。

涵盖0至2岁及0至5岁儿童的早教课程都采用了适宜其发展的教学方法及策略。其中经常使用的教学方法是"社会教学法"与"建构主义或交互式"方法。"社会教学法"强调成人和儿童、儿童与儿童间对话、讨论与思考等创造性活动的重要性。"建构主义或交互式"教学方法是将学习视为儿童和环境之间的积极交流，鼓励学习者基于已有的知识及经验构建新观念。针对3至5岁儿童的教学方法包括基于结果或表现的教学方法与直接教学方法。这些教学方法通常是以教师为中心的，围绕儿童早期识字和数学等方面，以实现儿童学业成就。

（2）支持和促进儿童早期保教课程或教学框架的实施

为促进儿童早期保教课程框架的贯彻和实施，大多数被调查到的儿童早期保教课程框架附有实施指南及实用的辅助材料，并制定了明确且详细的指导方针。这些支持儿童早期保教课程实施的资源面向儿童早期保教机构，也包括州和地区政府、家庭和社区等多个核心利益相关者。

卢森堡通过组织教学和课程会议，以及免费分发关于教学主题的文件、出版物和海报，为儿童早期保教课程框架的实施提供支持；还通过互联网平台发布关于儿童早期保教课程框架实施的解说、电影及实例。澳大利亚提供了额外的资源，涉及课程决策、课程的预期运作，以及儿童早期保教服务应满足的原则、实践和学习成果方面的期望。

（3）家庭和社区参与早教课程及教学框架的实施

儿童早期保教中心与家庭及社区之间的连续性对于儿童早期的发展、学习和幸福是非常重要的。家长积极参与儿童早期保教可以改善儿童的阅读和算术成绩，并对他们的行为、社会及情感技能发展产生积极影响，特别是对社会经济弱势儿童而言[94]。社区参与儿童早期保教有助于确保儿童早期保教的连续性与延续性，这关涉儿童早期保教的过程质量。调查结果显示，大多数OECD参与国的儿童早期保教课程框架包括儿童早期保教社会服务与家庭及社区的互助及合作。也有的国家将儿童早期保教与家庭及社区的合作作为儿童早期保教的目标之一。但是，部分国家在政策层面及实践层面并没有关于儿童早期保教与家庭及社区的互动及合作的部分。

4.儿童早期保教课程或教学框架的监测和评估

监测与评估有助于确定儿童早期保教课程框架是否按预期方案实施；持续的监测及评估也有助于确定儿童早期保教课程实施的实效性，为儿童早期保教课程框架的调整及完善提供有效信息，还能够为儿童早期保教过程质量的提升提供反思和持续改进意见。

儿童早期保教的监控与评估主要分为外部和内部两种类型。在儿童早期保教的外部监测中，检查是最常用的一种方法，最不经常使用的监测方法是同行评审与儿童评估；儿童早期保教的外部监控及测评方法还包括早教工作人员自我评估、档案及调查。儿童早期保教的内部自评主要是早教中心工作人员依据国家课程标准为准绳开展和进行，主要是以改进和提升为目标指向。

在参与调查的国家中，关于儿童早期保教过程质量的监控和评估中，关于儿童与父母、儿童与社区之间互动质量的监测频率较低。这些互动质量也都属于儿童早期保教过程质量的核心要素，都关涉到整个儿童早期保教服务质量的连续性。一些国家和管辖区的儿童早期保教监测系统不仅提供儿童早期保教质量改进的意见和建议，还跟踪其改进建议被儿童早期保教中心及家长采纳的情况，及其是否有助于提升其儿童早期保教过程质量。

第三章 政府视角下 0 至 3 岁儿童保教质量保障的现实样态及建议

第一节 政府层面保障0至3岁儿童保教质量的现实样态

目前，政府层面保障0至3岁儿童保教质量的主要措施是政策与制度。21世纪初，中国就从顶层设计中陆续出台文件呼吁社会各界关注婴幼儿的早期保教工作。2003年，教育部等部门发布的《关于婴幼儿教育改革与发展的指导意见》明确提出，为0至6岁儿童及其家长提供儿童早期保育和教育服务[108]。2006年国务院办公厅发布的《国务院办公厅关于印发人口发展"十一五"和2020年规划的通知》（国办发〔2006〕107号）提出大力普及婴幼儿抚养和家庭教育的科学知识。2007年国务院批转教育部《国家教育事业发展"十一五"规划纲要的通知》（国发〔2007〕14号）中强调重视发展儿童早期保教。2010年国务院发布的《国家中长期教育改革和发展规划纲要（2010—2020年）》，提出"要重视0至3岁早期婴幼儿教育。"[109]

教育部及其相关部门也推荐和提倡各个省市有条件的幼儿园尝试探索0至3岁儿童早期保教运行模式，鼓励家庭、社区及幼儿园共同参与到0至3岁儿童早期保教服务之中，并建议儿童早期保教朝着普惠性和公益性的方向不断发展。2010年《全国家庭教育指导大纲》中有关于0至3岁年龄段家庭教育的指导。2011年国务院发布《中国儿童发展纲要（2011—2020年）》中提出"促进0至3岁儿童早期综合发展"，"积极发展公益性及普惠性的儿童综合发展指导机构，以幼儿园和社区为依托，为0至3岁儿童及其家庭提供早期保育和教育指导。"[110]2012年教育部办公厅下发了《教育部启动0—3岁婴幼儿早期教育试点》，"把发展0至3岁婴幼儿早期教育列入当地教育发展总体规划，与幼儿园布局规划和建设相衔接，统筹安排。"[111]2012年《教育部办公厅关于开展0—3岁婴幼儿早期教育试点工作有关事项的通知》（教基二厅函〔2012〕8号）中规定，以发展公益性婴幼儿早期教育服务为目标，鼓励有条件的幼儿园等机构试点0至3岁婴幼儿早期保教模式[112]。2014年《国家贫困地区儿童发展规划（2014—2020年）》（国办发〔2014〕67号）也提到，"依托幼儿园和支教点，为3岁以下儿童及其家庭提供早期保育和教育指导服务。"[113]2017年《教育部等四部门关于实施第三期学前教育行动计划的意见》（教基〔2017〕3号）中鼓励有条件的幼儿园面向家长和社区开展公益性0至3岁早期教育指导[114]。

2007年之前，政策制定者更为关注0至3岁儿童家庭教育指导。在2007年之后，他们开始全面关注0至3岁儿童家庭教育与社会教育。2011年之后，又强调0至3岁儿童教育的公益性与普惠性，并尝试以幼儿园和社区为依托对0至3岁儿童保教进行试点。但是，目前国家层面尚未明确出台与0至3岁儿童保教直接相关的独立政策文件，大多数都是放在学前教育相关文件中提及。

近几年，新疆维吾尔自治区有关0至3岁儿童保教的政策也紧跟国家相关政策出台配套的政策。2010年《新疆维吾尔自治区中长期教育改革和发展规划纲要（2010—2020年）》中提到，大力宣传0至3岁婴幼儿教育的科学知识和方法[115]。2012年《新疆维吾尔自治区儿童发展纲要（2011—2020年）》中"儿童与教育"的"主要目标"中的第一条就指出促进0至3岁儿童早期综合发展。同时，"策略措施"部分提到为0至3岁儿童及其家庭提供早期保育和教育指导；以婴幼儿园、中小学、社区为依托，发展多样化的家长学校；建立5岁以下贫困家庭儿童生活津贴补助制度，建立0至6岁残疾儿童登记制度并给予政府补贴[116]。2016年发布的《新疆维吾尔自治区国民经济和社会发展第十三个五年规划纲要》中的第八篇第四章"提高人口管理和服务水平"指出，在执行国家"全面实施一对夫妻可生育两个孩子政策"的基础上，推进计划生育公共服务体系建设；提高妇幼保健、托幼等公共服务水平；帮扶特殊困难的计划生育家庭[117]。

从上述政策文件可看出，自2010年以来，新疆维吾尔自治区相关部门开始关注0至3岁婴幼儿早期保教，也意识到其对社会及儿童发展的重要性。2012年的相关政策聚焦于0至3岁婴幼儿的家庭教育，未提及关于婴幼儿社会保教等方面的相关规定。2016年的相关文件在全面二孩政策背景下提到了对儿童早教等社会公共服务质量的关注；但是，基于满足不同类型家庭的3岁以下儿童保教需求的政策及制度，以及支持生育二孩甚至是三孩的早期保教配套政策目前仍然不明确。

第二节　政策层面保障0至3岁儿童保教质量的问题及原因分析

一、尚未出台引导非政府组织参与0至3岁儿童早期保教的相关政策

儿童早期保教的政策制度及相关法律的出台以及贯彻执行是保障3岁以下儿童保教质量的政策背景支柱。一方面，它能够规避核心利益相关者权力与责任不清晰，导致儿童早期保教质量低下问题频发的问题；另一方面，政策制度和相关法律使儿童早期保教质量的保持及提升程序走向规范化与科学化。总之，儿童早期保教质量的相关政策能够持续保障及推进儿童早期保教质量。

0至3岁儿童早期保教尚未纳入义务教育阶段，因此，非政府组织及相关协会等是创办儿童早期保教社会机构的主要力量，也是儿童早期保教质量保障与监管的主体。近年来，非政府组织，如自治区妇联积极筹备并尝试在新疆地区提高0至3岁儿童保教质量，并在新疆局部地区尝试进行试点工作。近几年来，全国妇联、联合国儿童基金会驻华办事处实施的"儿童早期发展社区家庭支持项目"，在全疆共确定了4个试点社区。2017年8月，"儿童早期发展社区家庭支持项目"关于0至3岁儿童保教的培训班在伊犁哈萨克自治州伊宁市成功举办；培训内容涉及0至3岁儿童的保教方面的基础知识及专业技能等。但是，新疆地区鼓励非政府组织或企事业单位参与0至3岁儿童早期保教的家庭服务与指导，以及鼓励筹办早教机构方面的政策与制度并未出台。

儿童早期保教相关的协会或基金组织的确能够在一定程度及一定范围内推进0至3岁儿童早期保教质量的提升，但是，这种积极影响的持续性与有效性都是值得商榷的。政府出台相关法律条文，自上而下地保障0至3岁儿童早期保教，才能有效地鼓励非政府组织、协会或团体积极参与有效保障及监管儿童早期保教质量的活动。

二、保障0至3岁儿童保教质量的经费有限

儿童早期保教工作者基于早教实践的在职培训、对儿童早期保教质量定期的外部监控及评价的专家评审、保障及提高儿童早期保教质量的系列支持性活动等都需要充足的专项经费的持续跟进。

2018年新疆维吾尔自治区教育厅公布的用于"学前教育的一般公共预算支出总计116.01万，仅占所有教育经费的0.042%。"[118]近年来，新疆维吾尔自治区学前教育已获得大力发展。"2017年，学前三年毛入园率达到95.95%，比上一年提高了19.66个百分点。"[119]从以上数据可以看出，新疆维吾尔自治区的学前教育发展在数量上已经逐渐接近普及水平。但是，新疆地区学前教育质

量（主要指3至6岁儿童的保教质量）仍然有待改进与提升。新疆各地州教育局
学前教育负责人都表示要承担在3至6岁儿童保教中贯彻和落实国家通用语言教
育的教育任务，同时保障及持续提升学前教育的各方面质量。在访谈中，新疆
教育厅、妇联及各地州教育局相关负责人表示，国家目前在学前教育方面的导
向是关注3至6岁儿童的入学率及将学前三年逐渐纳入义务教育阶段的推进与实
施。省市等地方政府则一方面落实教育部的相关政策，另一方面根据地方的教
育财政预算规划，将有限的财政经费投入3至6岁儿童的保教之中，没有余力投
入较多经费于3岁以下儿童的早期保教工作及其质量保障方面。可见，目前新疆
地区的学前教育经费主要用于幼儿园，对于3岁以下儿童早期保教经费的投入并
未纳入预算之中。

三、缺乏统一的儿童保教机构及相关政策

设置统一管理儿童早期保教的行政机构是很有必要的，它有助于保障质量
管理标准的一致性以提高管理的效率，避免因为不同管理机构标准及要求不一
致而导致儿童早期保教质量低下等问题。

近年来，随着二孩及三孩政策的相继出台，新疆各地、州、市的私立早
教机构与亲子园的数量不断增加。但是，新疆地区为早教机构提供儿童早期保
教质量的监督与管理的主要负责部门尚不明确。目前，教育部门、妇联、工商
局等都只涉及早教机构某一部分的管理，仍然缺乏统一的主要负责及管理的
部门。

我国部分发达地区已经针对早教机构的管理制定了相应的标准和规范。
例如，2019年《全国托育服务机构认证标准》的推出为规范早教机构提供了
参考。上海市制定了《上海市民办早期教育服务机构管理规定》（沪教委基
〔2006〕25号）、《上海市3岁以下幼儿托育机构设置标准（试行）》（沪教委
基〔2008〕27号）；深圳市卫生健康委也于2021年公开征求《深圳市托育机构

设置标准（试行）》。就目前情况来看，新疆各地州的教育局相关人员表示，幼儿园有办园标准，如2015年《新疆维吾尔自治区幼儿园办园基本标准（试行）》。但是，新疆地区尚未明确制定有关建立、管理及评估0至3岁儿童早期保教托育机构的审核依据及参考标准的相关制度与规定。目前，新疆各地州的私立托幼机构的注册与监管主要归各地的工商行政管理局负责，具有企业性质。其早期保教质量的监督与管理工作尚未纳入监管的核心。

四、监管的范围未涉及儿童早期保教的过程质量

2019年修订的《托儿所、幼儿园建筑设计规范》（JGJ39-2016）中规定了托儿所及幼儿园的规模及班级人数要求、建筑设计的规格及其要求等方面的内容。这主要与儿童早期保教的结构质量相关。但是，对于儿童早期保教的过程质量，尤其是针对0至3岁儿童早期保教的过程质量的相关制度规定相对较少。

与儿童早期保教相关的部门普遍比较关注儿童早期保教结构质量的某些方面。比如，早教机构的占地面积是否符合规格与要求、建筑是否符合消防验收标准、收费标准是否合理等。但是，对于儿童早期保教过程质量的关注及管理相对比较缺乏。儿童早期保教的过程质量是其质量中的重要组成部分，主要涉及儿童与早教教师、家长、其他儿童，以及早教环境和材料的互动，早教教师与家长、社区人员的互动，以及其他相关人员之间的互动等。

对于过程质量监管困难的一个主要原因是缺乏相关质量标准、可操作性的实施流程、后续的持续追踪，以及持续改进的体制与机制。新疆地区尚缺少明确的专业机构或组织对早教机构提供的儿童早期保教服务过程质量进行定期的监管及指导。尤其是对于早教教师与儿童互动，以及早教教师引导儿童与环境和材料互动等方面的质量监督及管理还比较欠缺。

而且，几乎所有相关部门都较少关注、监管及测评家庭环境中的0至3岁儿童早期保教质量。新疆地区的大多普通工薪家庭对于0至3岁儿童采取家庭养育

方式，较少将孩子送入收费昂贵的早教机构。然而，家长未必都具有科学的育儿理念、专业的育儿知识和技能，因此不一定都能采取合理的育儿方式。几乎没有相关部门或机构定期向家长推广与普及专业的育儿知识，为他们解答育儿难题，以及测评与监管家庭中的儿童早期保教质量。因此，家庭方面的0至3岁儿童早期保教质量比较难以保障。

五、关于早教教师数量及专业资质的相关制度仍有待跟进

随着二孩及三孩政策的陆续颁布与施行，民众对3岁以下儿童社会保教服务的需求增加，对于早教教师的需求也随之增加。方建华与马芮的调查结果表明，在新疆地区，"2022年学前教育教师资源需求量达到峰值，随后需求量虽然逐年缩小，但是教师资源总量不足。"[120]在幼儿园师资总量尚不足的情况下，新疆地区0至3岁儿童早期保教的合格师资供不应求也是现实。

儿童早期保教工作人员的专业资质与他们的职前教育及在职培训紧密相关。职前教育及培养制度、早教教师准入标准，以及在职教师的培训制度等都是儿童早期保教过程质量的重要影响因素。部分幼儿园中早教教师的虐童事件从另一个侧面折射出早教教师专业素养低下，尤其是早教教师职业道德的缺失造成的严重后果。3岁以下儿童比其他任何阶段的儿童都需要来自主要抚养人及看护人的温情对待，这将会对儿童的身心健康产生持久的重要影响。

首先，新疆地区针对0至3岁儿童的早教教师职前培养的相关政策及制度尚待完善。就目前情况而言，新疆地区师范类高校的学前教育专业主要聚焦于幼儿园教师、管理者及其相关专业人才的培养。学前教育培养方案的目标、各类课程体系中的课程设置，以及教育见习与实习等实践教学环节等都尚未涉及0至3岁儿童早期保教专业人才所需的专业素养。关于不同阶段儿童早期保教的无缝衔接的相关内容也尚未涉及。新疆地区教育厅等教育行政部门也尚未出台相关政策文件，要求各级各类高等师范类院校将0至3岁儿童早期保教的系列课程及

教育见习与实习纳入学前教育专业的培养方案之中。

其次，有关早教教师及相关工作人员的专业准入标准等相关制度方面的规范还有待进一步探索和完善。学前教育与0至3岁儿童早教之间存在差异，因此二者对应的教师专业标准之间也存在异同，有必要对此进行界定和区分。新疆地区虽然已经出台了有关中小学及幼儿园教师的职业道德规范等系列政策文件，但是并未针对为3岁以下儿童提供早期保教服务的早教教师或其他非亲戚看护人的职业道德做出规定。儿童年龄越小，成人对他们的影响也会越大，因此，0至3岁儿童尤为需要温情的关怀、关心及关爱，有关早教教师职业道德方面的规定应该作为重点予以突出。

最后，针对早教教师的在职培训的相关支持性及监管性制度的缺失现象比较严重。目前，早教工作人员的在职培训和继续教育主要是由加盟早教机构的培训中心或以营利为目的的培训机构承担的。这些培训机构鱼龙混杂，培训质量良莠不齐，培训内容的专业性、培训流程的规范性以及培训效果的有效性等都很难保证。因缺乏针对早教教师在职培训的相关支持性及监管性政策，如最低培训时数，培训与晋升、加薪的关联，培训期间的薪资保障等，很多早期保教工作人员未能定期参加在职培训。这影响其专业素养的提升，进而影响儿童早期保教的质量。很多早教培训机构的经营目的是推销其开发的早教系列课程，而针对早教教师的在职培训只是附带进行的。而且，培训内容通常聚焦于如何使用其设计的系列早教课程，关于早教教师与儿童的沟通互动，早教教师引导儿童与同伴、环境及材料的互动等相关领域的培训则较少涉及，即偏重授之以鱼，而不是授之以渔。

第三节　政府层面保障0至3岁儿童保教质量的建议及策略

0至3岁儿童早期保教的利益相关者众多，包括家长、早教教师、早教机构、师范类高等院校，以及社区工作人员、医院和社会福利机构等。而各利益相关者关于儿童早期保教的共同利益诉求之一就是，政府制定相关的支持性及监督性的政策制度、法律法规，规范福利待遇、经费投入、质量监管等方面的相关标准，从而从政府层面自上而下地推行教育改革，保障和促进0至3岁儿童早期保教质量的稳步提升。

总体来说，各利益相关者的利益诉求包括：家长期望规范儿童早期保教质量，保证早教教师资质，满足不同类型的保教需求；早教教师期望获得稳定的薪酬和社会福利待遇，获得较高的社会地位与公众认可的专业地位；早教机构期望获得政策方面的人力资本、结构资本和关系资本的支持和帮助，并且在提升早期保教管理能力方面得到制度支持；师范类高等院校希望在制度层面规范早教教师培养的专业标准和认证体系，并且在与早教机构等就业单位合作方面也得到政策支持；社区工作人员、医院和社会福利机构等都希望政府层面能够明确规定其在0至3岁儿童早期保教中的角色、主要工作职责与范围等。

综合各利益相关者在政府层面的共同利益诉求、出现的问题与原因分析，提出以下策略。

一、政策制度

政府在政策上对0至3岁儿童的早期保教进行顶层设计是该项事业不断发展的重要背景。中国的教育改革一般是以自上而下的模式推行的，相关政策的出台对保障0至3岁儿童保教质量能起到提纲挈领的作用。因此，政府应基于全局视角，综合、全面地考量各方面的因素，做出0至3岁儿童早期保教质量的保障规划，并通过制定相关政策及制度进行引导，促进早期保教服务的不断发展与其质量的不断提升。

首先，可以发布促进非政府组织参与0至3岁儿童早期保教服务的相关政策。0至3岁儿童的早期保教及其质量保障不仅是政府的责任，更是所有利益相关者的共同责任。单凭政府的一己之力，很难满足当前家庭以及社会对于0至3岁儿童保教的多元化需求。因此，非政府组织需要参与到儿童早期保教服务中。非政府组织可以是营利性的组织，也可以是非营利性的组织。一方面，非政府组织的介入，可以激发早期保教服务的活力，满足当前家庭日益个性化的需求。另一方面，这可以分担成本，共同保障0至3岁儿童的早期保教服务质量。但是，政府的主导性作用不应改变，还应对0至3岁儿童早期保教服务的政策规范、服务标准、质量监督等方面的发展进行引导及监管。

其次，出台0至3岁儿童保教服务经费投入政策。一方面，政府部门应加强对0至3岁儿童保教质量的重视，在相关政策中明确规定扩大对0至3岁儿童教育的经费投入。另一方面，政府也应发布相关监督政策并主动承担监督责任，规范儿童保教机构收费行为并制定奖励措施，对于做得比较好的早教机构进行适当的经费奖励以降低其成本，让优质的早教资源惠及更多家庭。另外，应制定针对外来务工人员以及弱势家庭的相关规定，通过政府补贴、减免费用等方式帮助这些家庭中的儿童更好地享受优质早期保教服务。

再次，制定0至3岁儿童早期保教机构管理政策。一方面，制定严格的早教机构准入制度。目前，中国的0至3岁儿童早期保教服务相对较少，许多地区并没有专门监管早教机构的社会组织及部门。因此，在初始阶段，更应该严格制定保教机构的准入标准。卫生健康委、教育局、城市建设局等相关部门应结合本地区特点，针对0至3岁儿童早期保教机构的选址、建筑面积、安全设备等硬件设施作出严格要求。另外，相关部门应监管其早教服务内容范围及其适宜性；例如，在服务内容上应根据不同的年龄或月龄推出不同的儿童早期保教服务项日。另一方面，各政府部门相互合作，共同对 0 至 3 岁儿童早期保教机构进行严格的动态管理。①应设置主要管理部门，同时明确各个政府部门的职责和分工，共同协调配合管理 0 至 3 岁儿童早期保教服务，提升保教服务质量；②明确政府在 0 至 3 岁儿童早期保教中应承担的管理责任，确立以政府为主导，其他社会力量共同参与的儿童早期保教服务体系；③对于不同类型的早教机构制定不同的管理规则，进行有针对性的监督。例如，对于营利性早教机构与非营利性早教机构应设定不同的注册程序以及监督标准，并根据每年的早期保教服务质量测评结果，对早教机构给予不同的奖惩和处理措施。

最后，制定与生育政策相配套的更完善的支持性政策。社会经济的迅速发展使人们的婚育观念发生变化，优生优育成为主流的生育观念。与此同时，人们对于儿童早教服务的需求也不断增长。在此情况下，构建与生育政策相配套的支持体系，并出台相关激励政策，可以降低养育成本，减轻育儿焦虑。例如，可以设置育儿假，鼓励父亲参与 0 至 3 岁儿童的早期保教并分担家庭养育责任；对于单亲家庭、贫困家庭等可以给予一定的育儿支持与经费补助。

二、法律法规

各国的早期保教质量保障都离不开法律法规的规约。例如，英国的《儿童保育法》、日本的《儿童及育儿援助法》、美国的《儿童保育法》《开端计划法》《不让一个儿童落后法》《每个学生都成功法》以及《早期学习与发展指南》等，都明确规定了政府相关部门关于 0 至 3 岁儿童早期保教服务的发展、监督、资金投入等责任，并且明确规定了相关责任人的职责以及关于困难家庭的育儿补助政策等。这一系列的法律法规不仅为 0 至 3 岁儿童早期保教服务提供了重要保障，更为儿童与家庭提供了社会性支持。中国虽然已经有一些关于早期保教的法规，但是在相关教育法规中还没有专门针对 0 至 3 岁儿童早期保教质量保障的相关法律条文。这意味着，对于该阶段教育还没有系列的强制性法律规定。在多种因素的影响之下，中国0至3岁儿童的早期保教服务并未得到足够的重视与支持。因此，应继续完善相关法律法规以确定0至3岁儿童早期保教及其质量保障的重要地位。

首先，相关负责人应为促进0至3岁儿童早期保教服务的发展及其质量保障，对目前法律法规进行审视以提高立法层次。他们应改变"0至3岁儿童早期保教是学校教育的准备教育"这一认知，应从整个人生发展的视角出发，着眼于0至3岁这个特殊阶段对儿童智力开发、道德修养、人际关系及人格形成、生活习惯养成的重要作用。从这个角度来看，制定专门的《早期保教法》尤为重要，这不仅有利于引起社会各界的关注与重视，更有利于使0至3岁儿童的保教服务摆脱不成型及不规范的状态。在该法律中应涉及以保障0至3岁儿童早期保教质量为目的的强制性法律条文。在立法过程中，不仅应将早期保教机构作为考查与监管的对象，还应涉及以保障0至3岁儿童早期保教质量为目的的支持性法律条文。在儿童学习与发展、家庭的合理有效参与、社区协调合作等方面给予法律保障，可以通过立法对政府、早教机构、家庭、社区的责任进行明确与规范，使0至3岁儿童的早期保教服务成为一项核心利益相关者共建、共享的事业。政府不仅需要加快制定和完善与0至3岁儿童早期保教服务相关的法律、法规和规章，还需加强帮助处境不利儿童享受高质量的普惠性早教服务的法律保障。相关部门还应将发展和普及0至3岁儿童早期保教服务纳入经济社会发展及公共事业发展的总体规划中，以及纳入城镇和农村建设规划中。

要促进0至3岁儿童早期保教的发展，应加快构建适合中国实际情况的早期保教经费投入体系，确保投入经费得到充分使用。在《早期保教法》中应明确，增设具有普惠性与公益性的集0至6岁儿童早教于一体的教育机构。中国的学前教育不是一体化的，3至6岁儿童早期保教逐渐被纳入免费教育的行列，而0至3岁儿童保教公共服务体系还不完善、不系统，这两个教育阶段如何衔接与转变也面临挑战。为确保所有3岁以下儿童都能接受高质量的早期保教，增设普惠性与公益性的集0至6岁儿童早教于一体的教育机构是必要的。一是，需要构建针对0至6岁儿童的社会公共服务体系，增设具有普惠性与公益性的0至6岁儿童保教机构。例如，在示范性幼儿园中附设保教中心，或增设0至6岁儿童保教一体的保育院。二是，要优化针对0至6岁儿童的社会公共服务的质量并定期监管早教机构的保教质量。针对0至6岁儿童的集保教于一体的早教机构应在教育理念、培养目标、课程体系、教师资格、管理制度等方面都具有一致性与连贯性。

三、福利待遇

其一，儿童早期保教工作的待遇也是制约0至3岁儿童早期保教从业人员工作稳定性及儿童早期保教质量的关键。一方面，政府应为保障和提高儿童早期保教服务的从业人员的稳定性提供政策支持，如提供编制、建立健全薪资管理制度等。稳定的工作岗位不仅有利于儿童保教工作者安心工作，更有利于儿童获得高质量的早期保教服务。另一方面，对于私立早教机构，政府在对其加强监管的同时，应根据年度儿童早教质量评定结果适当增减经费的投入。政府还可通过制定优惠政策等办法引导保教机构依法保障早教从业人员的合法权益，以稳定队伍。除此之外，还可以适当提高0至3岁儿童早期保育服务薪资待遇，建立健全早期保教人员薪资管理制度；从而吸引更多的有识之士加入我国0至3岁儿童早期保育服务行业中，共同发展、共同进步并共享发展成果。另外，应关心早教机构从业人员的生活，积极帮助他们解决工作或生活中的困难，帮助他们营造轻松和谐的工作氛围。轻松和谐的工作氛围不仅有利于从业人员心理健康，进而间接影响儿童的身心健康。

其二，关注早期保教服务人员的专业可持续发展，并将之作为一种福利待遇。一是，应完善0至3岁儿童早期保教服务人员的培训制度，对培训周期、培训形式、培训内容等进行明确规定。二是，拓宽早教工作者的在职专业发展培训渠道，可以动员相关机构或部门为其提供培训机会，定期开展早教理论与实践相结合的在职培训。除此之外，还可以发挥"以老带新"的青蓝工程，发挥优秀儿童早期保育工作人员的引领作用，帮助新手更快、更好地适应职业的要求与规范。

四、经费投入

充足的教育经费是保障0至3岁儿童早期保教质量的重要前提。儿童早期保教服务不仅是一项可以为家庭节约儿童托管费用的公共事业，更有利于确保家长的工作时间，让家长有更多工作机会，从而促进社会公平及缓和社会矛盾。理论上，政府、社会、企业团体、家庭是0至3岁儿童早期保教服务成本的分担者，它们会依据自身利益要求合理分担成本。例如，美国的《开端计划法》及《儿童保育与发展固定拨款法》规定，每年联邦政府及州政府需要设立专门的财政拨款用于早期保教的项目支持和资金保障，并且会组织早教机构及家长等共同分担早期保教服务的成本。但是就目前来看，中国政府对早期保教服务的教育经费投入较少，分担份额也较低，家庭几乎是保教服务经费的全部承担者。这可能会在无形中增加广大家长的育儿成本，直接影响中国儿童早期保教服务的可持续发展。具体可以从以下三个方面进行优化：

其一，创新多种形式经费投入以促进共建、共享理念落实。强化政府在儿童早期保教质量保障中的主导职能，加大对儿童早期保教的基础性教育经费的投入力度。可以在中央及各级预算中设立儿童早期保教服务的专项资金，明确并逐步提高对0至3岁儿童早期保教服务的经费投入力度。同时，针对边远地区、贫困地区以及少数民族地区提供专项经费扶持措施。除了用于儿童早期保教的基础性经费投入，政府部门应根据保教质量评估结果给予不同级别的差异化奖励或税费减免政策。

其二，建构0至3岁儿童早期保教服务的成本分担机制。儿童早期保教服务的经费不应全部由家庭承担。政府应首先建立早期保教服务的成本分担机制，并基于此建立早期保教服务的成本核算机制，可以由教育部门或卫生健康部门制定0至3岁儿童早期保教服务的计划与组织成本核算制度，明确其核算办法与周期，基于统一的规定与标准建立起由政府、家庭、社会等不同主体共同承担的成本分担机制。另外，还要基于不同地区、不同城市、不同居民的消费能力，不同家庭的收入情况，以及不同早教机构的收益等多种因素确定0至3岁儿童早期保教服务的收费标准。

其三，近一半的婴幼儿家长都希望政府能够提供免费的早期保教服务，并给家庭发放相关补贴。与此同时，完善的补贴制度是家长是否愿意生育二孩的重要因素。因此，政府可以成立相关基金会，对不同人群发放不同的儿童早期保教津贴。此外，政府应为0至3岁儿童早期保教服务质量的提升提供专项经费。政府部门可以制定与生育政策相配套的有关0至3岁儿童保教的优惠政策。例如，瑞典政策规定，"父母只需要花费家庭收入的1%~3%用于儿童保教（即学前教育、教育和休闲时间中心）。"具体比例取决于他们有多少孩子，"第一个孩子收取3%费用，第二个孩子收取2%费用，第三个孩子收取1%费用"[12]。

五、儿童早期保教质量监管体系构建

0至3岁儿童早期保教服务的发展需要完善的质量监管机制。目前，中国儿童早期保教领域的监管一直缺乏一套完整的管理体系，难以进行质量监管工作。因此，建立并完善0至3岁儿童早期保教服务监管体系势在必行。

首先，建立科学的0至3岁儿童身心发展评价指标体系是早教服务质量监管的前提条件。目前一些早教机构重点评测儿童认知方面的发展，这不仅对家长起到误导作用，更不利于儿童的身心全面发展。因此，应针对0至3岁儿童制订科学的评价体系以帮助早教机构与家庭纠正错误观念，引导他们树立正确、客观且科学的儿童早期保教评价观念，促进儿童早期保教服务质量提升。0至3岁儿童身心发展评价指标体系的构建应先确定儿童早期学习及发展的几个主要内容领域，如身体与动作、早期读写、社交及情感。然后，应将0至3岁儿童根据发展水平进一步细分为几个年龄组，并确定他们在各主要领域的发展水平常模。最后，通过采用科学的评价工具与方法，确定儿童发展的优势领域与劣势领域。

其次，建立严格的早教机构准入标准与监督体系。如果没有完善的行业准入体系与督导机制，0至3岁儿童的早期保教质量就得不到监督与保障，长此以往，儿童早期保教工作盲目无序势必会导致早教市场的乱象。一是，除了在场地、设备等方面制定严格的早教机构准入标准，还应构建早教机构规范、保教质量考核标准并完善奖惩机制，同时将考核标准与奖惩机制向社会公开以接受社会监督。二是，完善0至3岁儿童早期保教服务质量的第三方评估制度。除了依据比较权威的早教服务质量考核标准进行客观的评价，还应将参加儿童早期保教服务的家长的满意度及其意见列为考核的重要指标之一；通过调查家长的意见及建议，对早教机构的早教服务质量进行综合评价。将家长反馈与第三方考核有机融合，使评估结果更加客观与公平。比如，可以成立0至3岁儿童早期保教行业协会，吸纳各类儿童早期保教服务的专业人才，形成行业内部自查、自省的风气，逐步提升儿童早期保教服务水平以保障0至3岁儿童早期保教服务质量。三是，构建"家庭—社区—政府"三级联合共同管理及监督的体系，在监督中相互联动，形成综合性的儿童早期保教质量监督网络。同时可以搭建早教机构诚信档案，依托三级管理监督体系，对0至3岁儿童早期保教机构进行全面监督。一经发现早教机构存在不合规行为，立即予以查处，并如实记录在企事业诚信档案中；对于多次违规或拒绝整改的早教机构，应吊销其营业执照并勒令退出儿童早期保教行业。四是，应实行监督考评的常态化制度。比如，以年为考评周期，对考评结果进行公开排名以起到激励和警示的作用。

最后，构建信息化的儿童早期保教服务质量监督平台。随着信息技术的发展，网络监督成为不可忽视的重要监督渠道。因此，可以依托信息技术手段搭建0至3岁儿童早期保教服务监督管理平台，在接受家长监督的同时，也接受社会各界的全方位监督。政府主管部门在整合、分析监督情况的基础上，对0至3岁儿童早期保教服务进行有针对性的管理，并且在儿童早期保教监督的网络平台上，及时更新各个早教机构的服务质量评估报告和其他相关的可利用资源及信息，方便家长及社会相关组织或机构进行选择、研究及监督。除此之外，还可以大批量地发布网络问卷，收集核心利益相关者关于0至3岁儿童早期保教的家庭服务及社会公共服务质量保障的意见和建议。

第四章 家长视角下0至3岁儿童保教质量保障的现实样态及建议

第一节 家长视角下0至3岁儿童保教质量保障的现实样态

在中国的大部分地区，家庭（家长）承担了0至3岁儿童早期保教的大部分工作。因此，从家庭视角来看0至3岁儿童保教质量保障的现实样态，基本可以归结于两个问题：从何处获得养育3岁以下儿童的知识和实际帮助，以及家长本身如何养育3岁以下儿童。

随着二孩及三孩政策的推行，已经养育过孩子的家庭开始养育第二、第三个孩子的情况开始增多。对于这样的家庭来说，家长可以从之前的养育过程中汲取经验；而对于数量更多的新手父母来说，养育第一个孩子需要更多地从外界获得知识和帮助，这就又分为几种情况：向亲朋好友请教有关0至3岁儿童的养育经验、借助早教机构的专业力量，以及通过网络媒体学习育儿经验。

一、吸取养育第一个孩子的经验

很多有二孩的家长都表示在养育第二个孩子的过程中可以吸取第一个孩子的养育经验。对于养育0至3岁儿童，可以吸取的有益经验归纳总结如下：一是，家长要经常观察儿童的各种需求，尤其是儿童对于安全感的需要，并给予孩子及时且积极的回应。H家长认为，温情的陪伴是最能够给予孩子安全感且能够保持其心情愉悦的有效措施，父母经常陪伴孩子，亲自给孩子喂奶、换尿布、逗乐等行为都是温情陪伴的表现，这会大大降低孩子半夜惊醒及无端哭闹的频次。二是，多与婴儿通过肢体语言、情境性语言进行沟通和交流。Z母亲分享了带娃的成功经验之一。她的第一个孩子是自己一手带大的。当孩子还是褓褓中的婴儿时，她经常一边做家务活，一边给孩子讲故事、唱歌、讲话等，孩子也会咿咿呀呀地回应她。后来，她的第一个孩子善于表达和倾听，语言能力发展得较好，上幼儿园后适应能力较强。三是，家长要熟悉婴儿的睡眠和进食等规律，了解孩子的喜好，顺势而为。每个孩子都有自己的睡眠和饮食习惯，家长在照料的过程中要不断摸索及总结。例如，Y家长分享了自己的育儿经验：他们家孩子5个月的时候中午午休时间过长，半夜2点钟就会自然醒来，要大人陪着玩耍一阵才会睡；午休时间适当缩短后，这种起夜的情况会好些。

有意识或无意识地总结之前养育孩子的经验，能够帮助家长更好地养育二孩、三孩等。而部分家长在养育第一个孩子时，由于没有经验，经常会出现过度焦虑的情况。此时，向他人寻求帮助是常态。

二、向亲朋好友请教有关0至3岁儿童的养育经验

观察学习与榜样学习也是新手父母保障0至3岁儿童保教质量的重要举措之一。他们通过观察、倾听或是交流重要他人的育儿行为及其结果，然后在养育过程中通过模仿及试误进行学习。观察学习的主要对象是值得信赖或新手父母比较敬仰的人物，如自己的父母、亲戚或养育过0至3岁儿童的朋友等。观察学习的类型主要有两种：直接的观察学习和间接的观察学习。前者是指学习者对示范行为简单的模仿。例如，Z女士跟自己的母亲学会了几种抱孩子的方法（年龄小的用横抱法，要拖住婴儿的头；年龄大的婴儿用竖抱法，让孩子的视野更开阔，看到更多东西），并亲自进行了尝试。也会有部分父母采用"抽象性观

察学习"的方式，即从观察对象的养育行为中总结或概括出一些育儿的规律。例如，P女士在养育6个月大的孩子的时候，发现孩子只让经常照顾自己的P女士抱，其他人抱着孩子会哭闹。P女士的父母说这是认生，要P女士在这段时间内多抱抱孩子；朋友却说可以让其他人（孩子不经常接触的亲朋好友）多抱抱孩子，这样孩子就不那么认生了。P女士通过育儿实践，总结出当自己上班时需告知孩子自己的去向，多让孩子走出去接触外面的新鲜事物。也有的家长会运用"创造性的观察学习"方式，即从不同示范行为中吸取育儿经验，并形成一种新的育儿方式。"抽象性观察学习"和"创造性观察学习"都属于间接的观察学习。

三、借助早教机构的专业力量

对于0至3岁儿童的家长来说，早教机构具有其他社会资源所难以完全替代的作用。

首先，早教机构为0至3岁儿童提供与同龄伙伴玩耍的机会，促进其社会性的发展。目前，0至3岁儿童的家长大多是"80后"或"90后"的独生子女，这类父母从小就深感玩伴难得，因此更希望自己的孩子拥有更多的玩伴，从小培养其丰富情感及社会交往能力。C女士谈到早教机构在培养儿童社会性方面发挥了重要作用。她表示，孩子参加早教课程能够认识其他玩伴，更爱说话了，性格也变得活泼开朗了。

其次，家长相信早教机构的专业保教能够促进儿童认知的发展。"80后"或"90后"的父母深感教育压力与未来的工作竞争压力，反映在育儿上就表现为从娃娃抓起的教育观念。他们认为儿童从出生开始就要进行各种各样的学习。这类家长认为早教机构的早教系列课程（感统课程、音乐律动课程、早期阅读课程、早期艺术课程等）与未来孩子学业成功及特殊才能的发展有一定关联。这类父母会为孩子学会背古诗、唱歌跳舞、搭积木、作画等而感到欣喜若狂。

最后，早教机构也会就父母的家庭育儿方式与育儿问题等进行有针对性的引导、帮助和支持。Q女士曾向早教机构的老师反映一个育儿难题：3岁的闹闹已经有很多汽车玩具了，但是每次在商店一看到汽车玩具还是要，不给买就耍赖皮，但买回家没两天就不玩了。早教机构的老师建议她跟孩子讲道理，但这种方法无效；后来又建议她把闹闹已经买的部分汽车玩具藏起来，过一段时间再拿出来，尝试着跟孩子就已有的汽车玩具想出各种各样的玩法。

四、通过网络媒体学习育儿经验

家长表示，看育儿相关的电视节目和微信公众号等也能够获得有关0至3岁儿童早期保教的最新国家政策，解决育儿难题。其中就包括儿童早期保教的知识、育儿技能及育儿应避免的雷区。F女士的育儿经验主要来源于由兰海主持的"超级育儿师"中的育儿系列节目。她对"二胎家庭，如何科学教育孩子"那一期节目印象非常深刻。F女士从中领悟到二孩养育不仅涉及二孩本身的早期保教，还涉及哥哥或姐姐接纳弟弟或妹妹方面的教育。关于父母如何帮助兄弟姐妹之间建立起良好的合作互动关系，兰海讲到几个关键步骤：选择哥哥（姐姐）和弟弟（妹妹）共同合作的项目，为他们之间的合作创造机会与空间，父母在一旁观察并及时鼓励他们两人的合作行为。此类大型育儿亲子真人秀节目以真实的二胎家庭常见的问题为抓手，以真实的生活场景及情境呈现了"熊孩子"变身为"乖孩子"，以及"抓狂的父母"变身"育儿达人"的全过程，让很多父母可以通过观摩进行学习。权威又具有实用性的特点也是吸引很多父母观看的原因之一。

也有的0至3岁儿童的家长表示他们会经常关注手机中推送的有关育儿的微信号里的一些信息资料，并能够进行留言、交流并获得反馈。例如，C女士平时喜欢关注"科学家庭育儿"微信公众号，该微信号会定期推送很多婴幼儿营养方面的知识及注意事项；N女士则更对"年糕妈妈育儿生活"微信公众号情有独钟，这里分析了很多初为人母的真实生活经历；F女士是位医生，平时喜欢关注"中药育儿经"中有关婴幼儿疾病的预防和简单的家庭疗法。

第二节　家长关于0至3岁儿童保教质量满意度的现状

一、家长关于0至3岁儿童保教质量的整体满意度及原因分析

（一）家长关于0至3岁儿童保教质量的整体满意度

家长作为儿童早期保教的直接受益者及消费者，其关于0至3岁儿童保教质量的整体满意度关涉到早教相关政策及制度的变革、调整与增设，也关乎早教机构的存亡与改革等方面。国外研究者普遍认同将儿童早期保教质量划分为三个相互关联的组成部分：结构质量、过程质量与结果质量。儿童早期保教的结构质量是更远端的儿童早期保教质量指标，往往是儿童早期保教系统中比较容易管制的方面，例如儿童与工作人员比例、小组规模和工作人员资格认证等。儿童早期保教的过程质量关系到儿童日常生活经历的更近端的儿童早期保教质量指标，涉及早教机构工作人员和儿童的社交、情感、身体及教学方面的互动，儿童与空间和材料的互动，儿童间的同伴互动，以及工作人员和父母之间的互动等。儿童早期保教的结果质量主要涉及婴幼儿学习与发展的结果方面。

表4-1中，家长关于0至3岁儿童早期保教整体满意度的平均分为2.38，超过平均分2，处于中等满意水平。这说明，家长普遍对0至3岁儿童早期保教质量比较满意。但是，仍然有部分家长希望政府、社会、市场及其他各界合力协作，提供、支持并监督高质量的儿童早期保教服务。从0至3岁儿童早期保教质量的子维度来看：首先，家长对0至3岁儿童早期保教的结果质量的满意度是最高

的；其次，他们关于0至3岁儿童早期保教过程质量的满意度较高；最后，满意度最低的是0至3岁儿童早期保教的结构质量。

表4-1　家长对0至3岁儿童保教质量满意度的描述性统计

保教质量子维度满意度	均值	标准差
结果质量	2.45	0.568
过程质量	2.40	0.444
结构质量	2.26	0.468
总体	2.38	0.411

再进一步对这三个质量维度进行配对比较。如表4-2所示，家长关于0至3岁儿童保教过程质量的满意度显著高于对结构质量的满意度。家长关于0至3岁儿童早期保教结果质量的满意度显著高于对结构质量的满意度。家长关于0至3岁儿童早期保教结果质量的满意度显著高于对过程质量的满意度。

表4-2　家长关于0至3岁儿童保教质量满意度的配对比较

变量		均值	标准差	t 值
配对变量1	结构质量满意度	2.265	0.468	−7.181***
	过程质量满意度	2.396	0.444	
配对变量2	结构质量满意度	2.262	0.468	6.709***
	结果质量满意度	2.450	0.568	
配对变量3	过程质量满意度	2.392	0.443	2.575*
	结果质量满意度	2.450	0.568	

注：*代表$p<0.05$，***代表$p<0.001$。

通过访谈了解家长关于0至3岁儿童早期保教服务的整体满意度现状的原因，结果如下。首先，家长最关心的是0至3岁儿童获得了外显的可观察到的学习与发展结果。大多数儿童参加半日制早教课程后，语言及社交等方面的变化比较明显。故而，家长关于儿童早期保教结果质量的满意度的平均分最高。其次，大多数选择早教机构的家长比较关注早教机构组织的各项活动，故而家长对儿童早期保教过程质量的满意度较高。最后，家长对0至3岁儿童保教的结构质量关注得较少；且为孩子报名早教课程的家长对早教机构的硬件设施及早教环境比较满意。

（二）家长关于0至3岁儿童保教结构质量满意度情况的原因分析

0至3岁儿童保教结构质量主要涉及国家政策层面关于家庭早教的支持、早教机构的监管、早教教师的专业资质等方面规范。访谈的主要对象是城市参加过私立早教机构提供的0至3岁儿童早期保教课程的家长。大多数家长表示，他们对于早教中心开设早教课程的班级规模和师幼比例比较满意。一般一次早教课程中，最多不超过10人，且每位孩子都有家长陪同，并由一位早教教师统一授课；即在家长的监管下早教教师与儿童以早教课程为载体进行互动。但是，家长关于私立早教机构以及早教工作者专业资质的了解是其选择的主要因素之一。通常早教中心管理者会向家长介绍私立早教机构的权威资质，确保早教教师具备"学前教育"方面的资质及育婴师等方面培训证书等。尽管如此，媒体报道的虐童事件仍然让一部分家长对于早教教师"专业性资质"等方面存在不少的疑虑。

除此之外，在被调查的0至3岁儿童家长中，大多尚表示不清楚，也没有途径知晓国家或省市关于0至3岁儿童早期保教的有关优惠政策或相关制度，这也是造成家长们关于儿童早期保教结构质量满意度偏低的原因之一。可见，有关0至3岁儿童早期保教优惠政策与制度的推广度与宣传度都直接影响家长对于儿童早期保教结构质量的满意度。因此，应考虑以社区为基础宣传相关政策。而且，应该向家长展现早教机构的硬件及软件等必备条件的权威性、专业性以及可信度等，以得到其认可。

（三）家长关于0至3岁儿童保教过程质量满意度的现状及原因分析

0至3岁儿童保教的过程质量则主要涉及儿童早期家庭育儿质量与儿童早

期保教社会机构提供的儿童早期保教服务质量两方面。参与各类早教活动的家长们普遍反映其关于儿童早期保教过程质量中儿童与教师的互动最为满意。同时，他们也对儿童与儿童之间的互动，以及儿童与环境或材料间的互动比较满意。此类家长们表示，儿童能够在早教活动过程中交朋友以培养社会性及共情能力；在早教活动中，儿童积极与材料及环境充分互动。

0至3岁儿童家长们的满意程度相对较低的是早教教师与家长互动，因为他们互动的内容主要限于选择哪一套早教课程模块，或组织额外需要付费的附加活动，相对缺乏围绕儿童身心发展问题的专业化指导与教育支持，缺乏指导家长在家庭育儿中关于儿童的认知、情感及社会性等方面的指导，也缺乏提供或分享免费的儿童早期保教学习资源或是经验交流等。

（四）家长关于0至3岁儿童保教结果质量满意度情况的现状及原因分析

儿童早期保教结果质量主要涉及0至3岁儿童早期学习与发展方面的结果，主要包括儿童的认知、动作技能、情感、社会性、个性等方面的发展结果。家长们普遍对0至3岁儿童的认知与社会性的发展结果比较关注，家长们都通过一些可观察的比较简单且易于测量的指标进行衡量与判断。报名早教机构的家长关于0至3岁儿童的社会性发展的满意程度较高，有的家长表示儿童在与同龄伙伴互动过程中更加积极主动，且能够与他们和睦相处。

家长们也普遍反映，无法对家庭育儿式的0至3岁儿童保教与早教机构0至3岁儿童保教对婴幼儿身心发展的影响进行比较客观且科学的衡量与比对。即家长关于0至3岁儿童早期保教的权威机构定期开展和实施权威、专业、可观测的关于儿童身心发展情况的评估的需求尚未能得到满足，这会对他们关于0至3岁儿童早期保教的结果质量提出相应的改进意见和建议的满意度不太高。

二、不同类型家长关于0至3岁儿童早期保教的满意度情况及原因分析

不同性别、不同学历层次及不同区域的0至3岁儿童家长关于0至3岁儿童早期保教态度的满意程度的调查都有所涉及。但是，对于生育二孩有不同意愿的家长关于0至3岁儿童早期保教的满意度情况的调查相对较少。这些对生育二孩有不同意愿的家长的满意度及其原因也关涉到三孩政策的推行及相关配套措施的补充与完善。

按照要二孩情况以及生育二孩有不同意愿等情况，可以将家长分为以下三种类型，即没有生育二孩意愿的家长（第一个孩子在学前教育阶段）、有生育二孩意愿的家长（第一个孩子在学前教育阶段）及有生育二孩意愿且已经有二孩的家长（二孩的年龄为0至3岁）。通过访谈了解这三种类型家长关于儿童早期保教质量的满意度，情况有所不同。

没有生育二孩意愿的家长（第一个孩子在学前教育阶段）以及没有报名早教机构的家长普遍对于0至3岁儿童早期保教的家庭养育质量不自信。他们认为，养育第一个孩子都未能达到期望的保教效果，对于第二个孩子就更没有自信和能力教养得好。报名了社会早教机构的部分家长则表示其对私立早教机构提供的社会保教服务对儿童身心发展的影响存在担忧，尤其对社会保教服务的长远影响持质疑或保留态度。

在有生育二孩意愿的家长（第一个孩子在学前教育阶段）中，有部分家长的第一个孩子是在家庭中亲自抚养或由祖父母等亲戚抚养的，且他们关于其家庭养育0至3岁儿童的保教质量比较满意，这也直接影响其对第二个孩子在家庭养育中的自信和乐观的态度。有部分家长为第一个孩子报了早教机构，但是他们认为早教机构提供的早教服务时间比较短，对儿童产生的影响不会太大，良好的家庭养育对儿童产生的影响甚至会超越早教机构。

在已经有二孩的家长（二孩的年龄为0至3岁）中，部分家长积累了养育第

一个孩子的有益经验或是第二个孩子的养育有来自家庭的支持，他们关于0至3岁儿童的家庭养育质量还是比较满意的。但是，他们在养育第二个孩子的时候仍然觉得家庭养育质量还有提升的空间。比如，家长们需要获得支持以准确分析和判断0至3岁儿童的生理及心理需求并以适宜的回应方式进行高质量的养育。另一部分家长则表示，他们对于早教机构的有针对性的儿童早教服务的满意度一般。其主要原因是早教机构提供的早教形式过于单一，即孩子由家长陪同参与事先设定好的早教课程；缺乏全日制、半日制或小时制的儿童早期保教服务；且早教课程的灵活性与针对性不强。

第三节　不同类型家长关于0至3岁儿童保教质量服务的需求

一、家长关于儿童保教服务的共同需求

从0至3岁儿童保教服务价值链视角来看，家长是0至3岁儿童保教服务的客户端。家长对早教机构提供儿童保教服务的满意程度会对其生源产生重要影响。政府部门出台的制度与政策的知名度、认可度及可推广度等都与是否考虑及满足家长的利益诉求相关。家长关于儿童保教服务的共同需求主要是儿童保教服务的质量规范、经费投入及专业指导。

家长的首要利益诉求是教育等相关部门能够为0至3岁儿童家长提供负担得起的且具有针对性的儿童早期保教服务及指导。我国的0至3岁儿童主要在家庭中由父母、祖父母或其他亲戚照护。家长亟待专业医护人员指导其有关0至3岁儿童的身体发展及疾病简单防控及治疗。同时，他们也迫切需要专业早教工作者对于他们在促进0至3岁儿童的早期学习与发展等方面提供支持和帮助。其次，家长们普遍需要能够满足多样化工作需求的半日制、全日制或小时制的，

数量充足且具有普惠性的儿童早期保教服务。目前，我国针对0至3岁儿童的托育机构数量较少，远不能满足0至3岁儿童家长的育儿需求。私立机构的0至3岁儿童保教服务费用过高，提供的早期保教服务比较单一。社会急需政府统筹教育部门等相关机构构建数量充足且具有普惠性的高质量早期保教服务体系。最后，家长，尤其是教育水平较高的家长希望通过广泛参与儿童早期保教方案的制订、组织实施及评估，保障0至3岁儿童保教质量的持续提升与改进。例如，一些私立机构出现的虐童事件令很多家长对早教机构提供的早教服务产生怀疑。此类影响0至3岁儿童身心健康事件背后的原因之一是早教机构未能受到专业机构以及家长的持续监督、评价及管理。

二、不同家长关于儿童早期保教的需求

（一）已经有二孩的家长的需求是获得具有专业资质的，易于获得且实用的早期保教服务

已经有0至3岁二孩的家长需要获得关于家庭育儿方面的指导、教育与保障；保障其第二个孩子能够享受普惠性、公益性的优质儿童社会公共早期保教服务。已经有二孩的家长关于0至3岁儿童保教服务方面的需求具体如下。

首先，有关家庭育儿指导方面的早期保教需求主要体现在两个方面。其一，在家庭育儿方面，如何平衡同时照顾及教育两个年幼婴幼儿的重任，如何合理分配育儿时间与精力，以及如何处理养育婴幼儿与工作等方面的冲突等都是这类家长迫切需要解决的问题。其二，在儿童早期保教内容方面，已经有二孩的家长更希望能够获得有关在家庭中家长如何促进两个孩子和睦相处、互帮互助，建立良好的兄弟姐妹关系以及亲子关系等方面的技能指导；尤其是在家庭中两个孩子发生冲突或争执的时候，家长如何做到公平公正与不偏不倚。

其次，关于儿童社会早期保教机构方面的需求聚焦于儿童早期社会保教服务的易于获得性与实用性。易于获得性主要体现在早教机构的地理位置离家

近，方便家长接送儿童；早教机构的保教费用合理，在家长的经济可承担范围之内。所谓实用性是指家长希望儿童早期保教课程与教学活动不仅教授高质量的内容，例如音乐、艺术及外语知识与能力；更涉及儿童日常自理能力的培养、学习，与同伴、长辈及其他人沟通与相处的方法与技能等。

最后，此类家长关于社区及相关社会组织的需求主要是提供有关家庭育儿方面的免费优质早教资源，通过定期的付费入户指导，解决家长的育儿难题。如规定社区联合其他相关部门免费定期以一对一方式给予家长有关0至3岁儿童常见身体疾病的预防与护理，以及对婴幼儿常见的心理问题进行疏导与引导。此类家长还希望社区工作人员能够为他们选择适宜且优质的社会早期保教机构提供意见与建议。

（二）准备要二孩的家长的需求是为二孩的养育提供各方面保障

这类家长希望教育部门出台针对0至3岁二孩保教质量保障的优惠政策。其一，他们希望教育部门能够出台有关生育及抚养二孩的优惠政策。例如，0至3岁二孩可以免费享受优质早教服务的时间与范围，或0至3岁二孩接受早教服务费用的减免等。其二，这类家长比较关注政府相关部门是否有支持二孩养育的生育险、补贴及产假或配产时间等相关政策。准备要二孩的家长关于0至3岁儿童保教的需求具体如下。

首先，有关家庭育儿指导方面的早期保教需求。这类家长已经有养育第一个儿童的早期保教经验。但是，此类家长依然需要医生或护士对他们进行比较专业的有关婴幼儿各类疾病的预防与简单处理方面的培训与指导；以及关于婴幼儿早期阅读、运动技能、情绪与社会性培育等方面的科学与专业的指导。

其次，关于儿童社会早期保教机构方面的需求。儿童早期保教社会机构的多样性、专业性与安全性是此类家长特别关注和重视的内容。所谓多样性是指能够适应家长工作的需求，例如为工作繁忙的家长提供全托服务、半日托服务或小时托服务，并制定合理的收费标准。所谓专业性是指，儿童早期保教课程应被证实可以适宜不同年龄段的儿童，且可以根据每个儿童的特点进行弹性组织。其专业性还应体现在早教机构创办与成立符合国家相关规定，尤其是早教教师的资质符合国家的相关要求和规定。所谓安全性是指，家长希望早教机构的保教环境与设备设施等定期检修，以保障其牢固性、安全性等，且早教教师及早教管理者营造的师生氛围与组织管理氛围是和谐的、团结的及愉快的。

最后，关于社区及相关社会组织的需求也有两方面。一方面，这类家长希望当他们遇到有关0至3岁儿童保教困难时，能够拥有获得专业信息与咨询服务的途径与渠道。另一方面，他们希望对某个问题获得专业解释，如参加了早教机构的3岁以下儿童是否比没参加的发展得更好。这类家长希望社会能够定期组织家长育儿沙龙活动，邀请已经生育并正在养育0至3岁二孩的家长或主要抚养人、早期保教的专业人员、早教教师等进行"以养育儿童经验分享"为主题开展的讲座活动或非正式交流与学习。

三、不同经济水平的家长关于0至3岁儿童早期保教的需求

（一）经济水平较高的家长希望获得有特色且富有个性化的社会及家庭早教服务

经济水平较高的家长大多希望获得比较有特色的儿童早期社会保教服务。这类家长愿意并且能够为儿童的早期发展投资，但是对优质及特色的早期保教服务要求也比较高。这种特色的儿童早期社会保教服务主要是早教中心的招牌或是区别于其他早教中心的育儿保教方面的突出优势或特色。例如，有的早教中心主力打造以培养"英语口语"为特色的早教项目，聘请有教师资质的外教与儿童开展渗透式的课程及活动。这类早教机构都比较能够吸引经济水平较高的家长群体。

这类家长关于早教中心中家长指导方面的需求也比较高。比如，针对每个0至3岁儿童的身心特点制订个性化的学习与发展方案，记录儿童的成长轨迹，定

期测评儿童的身体与心理发展水平，及时反馈给家长并提出改进建议；与专业机构联系配合，解决有特殊需要的儿童的需求等。

（二）经济水平中等及以下的家长希望获得满足其工作需要的儿童社会早教服务

社会经济水平处于中等及以下的家长比较关注的是能够处理其"儿童家庭养育"与"工作安排"之间时间方面的冲突与矛盾。即这类家长比较希望获得半托管式的优质、普惠且便利的儿童早期保教服务。根据工作需要，家长能够就近在其居住社区附近找到托育班或是婴幼儿托管的保教机构；且这些机构能够提供灵活的托育服务，例如，半日制托育服务与小时制托育服务相结合。这类家长也希望社区能够提供关于婴幼儿科学养育的免费网络资源，以及具有公益性的有关儿童保教的讲座或论坛，为需要养育特殊需要儿童及有教育困惑的家长提供求助的途径或联系相关部门等。

第四节　家长视角下0至3岁儿童保教质量保障的问题及原因

一、0至3岁儿童早期保教的有机融合欠佳

长辈们（孩子的爷爷奶奶或外公外婆）侧重于关注儿童早期保育，而忽视儿童早期教育。在新疆地区，尤其是城市地区，隔代抚养0至3岁儿童的现象非常普遍；小区、公园各处可见爷爷奶奶或是外公外婆在带孩子。他们对孩子在生活方面给予了无微不至的照顾与无底线的宠爱，这助长了很多孩子成为家中的"小霸王"。Z奶奶带1岁孙子谈到，孩子年龄还小，只要吃好、喝好、睡好就行了；太小了学也学不会的。Y外婆也分享了自己带3岁孙女的经历，孩子不好好吃饭，就会给孩子边看动画片边喂饭；她认为孩子只要不生病就行，学

不学东西不重要。有部分年轻父母则更关注儿童早期教育，而相对忽视儿童早期保育。F妈妈表示，照顾孩子谁都能干，但是，教育3岁以下的孩子就不一样了；不仅要从娃娃抓起，还需要让父母进行专业学习与培训。Q爸爸表示0至3岁是儿童大脑发育最快的时候，这时他们的学习能力很强，模仿能力也很强，要给孩子讲故事、做益智游戏；这些认知活动更重要。

0至3岁儿童早期保教与0至3岁儿童的身体与心理发展紧密相关。儿童早期保育侧重于促进儿童身体各器官机能的发育、身体动作的发展及疾病的预防等方面；而儿童早期教育更侧重于儿童心理层面的认知、情绪情感、社会性及意志的发展。0至3岁儿童的身体与心理发展是同时进行的，且二者相互影响。其中，儿童的身体发展是其心理发展的基础和前提。因此，0至3岁儿童的家庭教育应该以保育为主，保教有机融合。

二、家长育儿的盲目跟风现象严重

为了让孩子在未来能够获得学业及社交等方面的成功，家长在养育0至3岁儿童的过程中经常出现"从众现象"。家长在儿童早期保教方面经常有攀比的心理，即"别人孩子学的我的孩子也要学"，我的孩子也不比别人家的孩子差。

首先，部分家长会盲目跟风学习其他家长教孩子的学习内容。很多家长同时从"不要让孩子输在起跑线上"的出发点，为孩子报各种早教亲子课程，并逼迫孩子按照家长的计划表学习各种技能。H女士到朋友家做客，听到别人家的孩子2岁就开始学习并能够流利地背诵唐诗三百首中的诗句，而自己同龄的孩子却不会背诵，回家后很焦虑，立马开始给孩子制定背诵唐诗三百首的时间计划表。殊不知在孩子不理解古诗的情况下，一味地枯燥乏味重复背诵古诗会让孩子兴趣全无，甚至可能会造成孩子日后厌学。

其次，部分家长会盲目跟风学习其他家长的保教方式与方法。S女士在分享自己的育儿经历时谈到，她的孩子1岁的时候还不太会走路，看到其他同龄孩子都开始蹒跚学步了，她很是着急。听朋友说她的孩子是买了学步车才会走路的，就立刻给孩子买了个学步车，但她的孩子还是更喜欢在地上爬。孩子断奶也是让很多家长头疼的事情之一。L女士说她跟朋友学往奶嘴上涂辣椒水，不仅没有让孩子断奶反而激起了孩子焦虑的情绪反应。家长在育儿方面的盲目跟风与模仿，没有考虑自己孩子身心发展的个性与独特性。

第五节　家长层面保障0至3岁儿童保教质量的建议及策略

一、家庭教养的指导内容

（一）科学的儿童早期教养观念

第一，男性加入儿童早期保教工作中。

在我国，由于长期受传统观念的影响，女性在一定时期内依然是婴幼儿保教的主力军。目前，在0至3岁儿童家庭教养中，女性的负担依然较重，儿童早教指导服务中应积极融入"两性平等"的儿童早期保教观念。从社会育儿的良好环境营造方面来看，应倡导父母共育，激励父亲更多地参与到育儿活动中；母亲接纳、鼓励并享受父亲的参与以促进家庭内部育儿的有效沟通与互动。鼓励更多"爸爸"或男性参与儿童早期保教工作，营造友好的家庭教养环境，适当减轻女性群体的儿童教养负担。家庭成员应积极协作并以鼓励赞赏的态度支持父亲照料儿童，通过营造和谐的家庭氛围带动和促进父亲参与儿童照料。

第二，更新儿童早期保教观念。

随着祖辈在儿童教养中参与程度的增高，经验式育儿倾向愈发突出。在指导0至3岁儿童的家庭教养的过程中应加强科学育儿观念的普及与推广。借助社区、电视节目和社交网络平台等途径，通过育儿误区的澄清与解读及育儿优秀案例的推广，帮助家长不断学习、更新儿童保教观念，以接纳更科学的教养知识与技能，进而促进祖辈与年轻父母的育儿观念融合，增进代际合作水平，减少育儿过程中的家庭矛盾冲突以确保协作育儿。年轻父母也应向祖辈学习育儿经验，并在育儿实践中不断验证及总结。

第三，"教"与"养"相融的保教观念。

婴幼儿身心发展的特点决定了应该将"教"与"养"相融合。因为教和养两者是密不可分的，这一点无论是在杜威所说的"教育即生活"，还是陶行知所提倡的"生活即教育"中均有强调，即要让生活和教育紧密地结合在一起。儿童保教的主要教养者应正确认识"教"与"养"之间相互影响的关系；"养"侧重于关注儿童身体方面的发育，而"教"侧重于婴幼儿心理方面的发展。因此，在儿童早期教养中，要注意"教"与"养"二者并重，把握好这二者的度并将其有效融合，使之有益于促进婴幼儿身心健康和谐发展。首先，要认识到"教"的因素实际也蕴含在"养"的过程中，在"养"的过程中往往蕴含着很多潜移默化儿童早期保教的契机。所以，在儿童教养中不能仅关注儿童的衣食住行等生活照料，还要及时且敏锐地把握生活中的各种教育契机，并给予儿童身心发展的适宜刺激（例如，触摸、运动及玩耍）。因此，儿童早期保教指导应注重及加强主要教养人与儿童的语言交流能力，提高主要教养人关于儿童需求的敏感性，提高教养人利用日常生活活动教育儿童的能力，以及培养主要教养人参与并引导儿童游戏互动的技能。其次，对于正处于模仿阶段的儿童，成人的一言一行都会对其产生潜移默化的影响，所以主要教养人应以身作则，发挥榜样示范作用，通过自身良好的言行及习惯，将这种隐性影响与有目的、有规划的显性的"保育"和"教育"有机结合以达到更好的保教效果。

（二）系统且可操作的儿童早期保教的相关知识与技能

儿童早期保教的主要教养者们渴求从各方搜罗各种能行之有效、立竿见影的教养知识与技能来武装自己，期望能在尽可能短的时间内成长为合格出色的教养"熟手"，甚至"专家"，在面对各种教养情形时能够做到胸有成竹及得心应手。大多数教养人不乏科学照料儿童的意愿，并且由于信息技术发展迅速及互联网信息获取的便利性，他们能从网络等多种渠道学习及交流相关育儿知识与方法；他们也可以从亲戚、朋友、父母身上学习儿童日常照料技能。但是这些信息繁杂，他们难以判断从各种渠道获得的育儿知识是否科学、是否正确，以及能否适用于教养自己的孩子，因此难以形成一套科学的育儿知识与技能体系。可以依据婴幼儿身心发展阶段为主线及教养人经常遇到的育儿问题，邀请育儿方面的理论专家和经验丰富的相关专业人士，并借助互联网信息技术，开发并发布从生育到教养的系列录播免费优质早教课程。在早教课程中，不能只为教养人提供教养知识和教养技能，还要告诉教养人这些知识和技能背后蕴含的教育理念。因为，仅靠浅显的皮毛无法将育儿知识成功地移栽或嫁接到各自的家庭教养情境中；家长们懂得背后的教育理念，才能举一反三，在教养过程中灵活运用这些知识。还可以开放论坛交流板块解答教养人在操作中的各种疑惑。

（三）心理和情感支持

调查结果显示，家长报名早教机构的部分原因是对0至3岁儿童的家庭养育质量不自信，尤其是新手父母，在教养过程中多伴随着焦虑、紧张等消极情绪。母亲作为育儿的主力军，其育儿焦虑现象更为突出。经历分娩后，她们不仅身体需要恢复，同时还要照顾婴幼儿的吃喝拉撒。除此之外，她们还可能会遭遇婚姻危机、分娩时的心理创伤、睡眠不足、经济负担大、照顾婴幼儿与家人产生分歧等，这些都可能是其焦虑情绪的来源。家长们的育儿焦虑是无法避免的，关键是如何化解。与育儿相关的知识与技能的培训相比，倾听婴幼儿主要教养人的心理以及情感方面的需求，站在他们的角度上给予建议和帮助，经常组织他们参加育儿经验交流与分享会，提供克服消极情绪的成功案例及有效途径等，使教养人在家庭养育中形成自信乐观的态度并帮助他们降低养育压力显得更为迫切。呼吁社会各界共同为儿童早期保教主要教养人的心理和情感疏导与支持构建支持体系，这对于家庭的和谐以及国家生育政策的响应都有重要意义和价值。

二、家庭教养指导方式

家长们普遍厌倦家长培训或者家长教育这种长期的集体辅导模式；他们普遍认为这种培训形式不仅效果不好，而且费时又费力，并且已经开始表现出各种不配合。事实上，家长们需要的是一种真正适合的，并且能够高效率解决问题的家庭教养指导方式。因此，应以家长的育儿需求为导向，尽快构建并完善0至3岁儿童家庭教养指导体系。

（一）构建不同类型家庭的育儿共同体以增进经验交融

可参考美国的"父母即教师"项目，让很多受过教育和训练的父母担任"父母辅导员"角色，再以他们为核心形成育儿共同体，随后这些"父母辅导员"会以一种简单且客观的方式向其他父母提供育儿指导或咨询服务。在育儿共同体中，由于成员们大都拥有"父母"这一相同的社会角色，有着相似的育儿需求和愿景，因而更容易拉近距离，更能实现有效的育儿经验的交流与分享。在此类以父母等教养人为主体成员的育儿共同体中，可以与专业机构建立合作关系，成立互联网咨询小组，以确保交流内容与传授方式的科学性。可以根据养育二孩情况构建家庭育儿共同体，分为以下几种类型：一孩家庭育儿共同体、二孩家庭育儿共同体及三孩家庭育儿共同体。也可以根据家长的育儿需求情况将家庭育儿共同体分为以下几种类型：婴幼儿营养与健康为主题的家庭育儿共同体；婴幼儿疾病预防与处理为主题的家庭育儿共同体；儿童早期学习与发展为主题的家庭育儿共同体。

（二）社区与家长共同构建0至3岁儿童保教专业信息与咨询服务网络

家长与社区围绕提高0至3岁儿童保教质量进行合作。0至3岁儿童保教是家庭教育与社会教育的合力。各国在设计儿童早期教育方案时，都会考虑父母对儿童早期保教服务的可获得性与成本方面的意见与建议。父母和社区的参与越来越被视为促进婴幼儿学习和发展的重要政策杠杆。

社区工作人员可定期向家长宣传新出台的有关0至3岁儿童保教的政策，提高相关政策的普及度与透明度。还可借助社区为不同要二孩情况的家长与医院医生、幼儿园教师及儿童教育专家构建沟通与互动的桥梁与纽带。例如，为家庭提供免费的儿童早教服务方面的咨询，为父母提供专业的育儿咨询与指导，帮助父母提供高质量亲子互动技巧与沟通策略，为有特殊需要的家庭提供专门的家访服务等。家长也可以通过社区反馈对于0至3岁儿童保教的满意度与需求以及改进建议等。

社区是连接家庭、社会和政府的桥梁，以社区为平台，吸纳社会多元主体的力量，可以有效促进0至3岁儿童保教服务的发展。例如，美国马萨诸塞州开展的家庭网络项目（Massachusetts Family Networks，MFN）就十分具有借鉴价值。在这个培训项目中，不仅通过亲子课程让母亲认识到亲子活动的重要性及目的，还借助家长互动小组为家长每月提供一次一小时的育儿信息交流机会。此外，通过社区向家庭提供家访服务，在访问的过程中可以为家庭提供有关儿童发展的资料及信息。我国也应鼓励多方参与到儿童早期保教服务的指导中，使高校、早教机构和学前教育协会等专业机构走进社区，在儿童早期保教中根据家庭的育儿需求提供以下服务或支持。这些婴幼儿早期保教服务主要包括以下内容：生育支持、母婴健康服务、托育服务、育儿支持服务、情感及社会性支持等不同层次的家庭教养话题，用祖辈父辈均可理解和接受的话语体系，采用方便可及的信息咨询、讲座和沙龙等公益性且形式多样的科学育儿服务项目等，从而满足婴幼儿家庭的多元化以及个性化的育儿需求，并基于其专业化的指导和支持，加强主要教养人的技能与信心，以降低家庭育儿的养育压力，也能够有效调节家庭内因儿童早期保教的意见分歧与矛盾。调查结果显示，经济水平较高的家庭希望获得个性化的儿童早期保教支持。因此，可以采用集体指导和个别指导相结合的方式，在个别指导中根据教养人的个别化育儿需求为他们提供入户指导或家长咨询的方式以最大限度上满足教养人的儿童养育需求。此外，社区应建设相应的婴幼儿保教服务设施及配套安全设施，加强社区婴幼儿保教服务设施与社区服务中心及社区卫生、体育、文化等设施的功能衔接。在社区建立高质量的社区儿童早期保教中心，聘请专家为家长提供专业的儿童早教指导，充分发挥社区公共服务中的儿童保教服务功能，发挥优质早教资源的综合效益，并在调研儿童家庭照料的基础上提供差异化的家庭早教支持性服务。例如，根据儿童不同年龄阶段调整儿童早期保育及教育的比重；社区根据每个家庭主要教养人的育儿需求及问题提供个性化的早教服务方式以最大限度满足家庭儿童照料的需求。社区的早教服务可以包括以下几种类型：一是全日制，主要面向的家庭是没有祖辈代际支持的双职工家庭，儿童可以白天入托，晚上回家；二是半日制，主要针对父母一方工作时间比较灵活或者由祖辈协助的家庭，既可减轻家庭养育负担，也可满足家庭对专业化早教服务的需求；三是临时托管，为部分家庭提供短期、集中或周期性的托育服务；四是家庭"邻托"，具有灵活便捷及经济实惠等特点。总之，在婴幼儿成长的各个阶段，社区应及时提供科学育儿服务及帮助，对主要教养人进行定期知识培训和能力训练，提高不同教养人参与儿童养育的水平；利用多种渠道开发相应的育儿资源以增强育儿指导服务的实施效果。

（三）社区与媒体共同构建关于 0 至 3 岁儿童保教的专业信息与咨询服务

　　一方面，借用传统媒体的平台以丰富儿童早期保教内容，并保证儿童早期保教内容的科学性与系统性。像电视可增设类似《育儿大作战》这样的早期保教相关节目，邀请家庭育儿专家、有成功育儿经验或有育儿困惑的父母以及其他长辈等参与节目互动；出版社可聘请家庭教育专家合作，出版指导家长科学育儿的早期保教实践系列读物；各地有影响力的报纸杂志等也可以请早期教育专家执笔撰写文章，投放到儿童早期保教专栏，通过社区分发至每个有儿童的家庭中。另一方面，应充分发挥网络媒体的作用，加强网络资源建设并充分利用互联网，搭建"互联网+"儿童早期保教服务平台，完善儿童早期保教服务的网站建设，扩大儿童早期保教资源的网络供给，促进专业及优质的育儿资源互惠共享。为养育儿童与工作间存在冲突的"家庭成员"提供便捷途径，随时随地学习以扩大科学育儿指导服务覆盖率，从而保障儿童早期保教质量。此外，微博、微信、短视频等新媒体的运用可以吸引更广泛的人群参与其中，相互交流育儿经验及共享育儿信息。还可以加强家庭教育公共服务网络建设以及家庭教育新媒体服务平台建设，以提高家庭教育指导服务的专业化与便利性。充分发挥和利用自治区教育厅已建立的家庭教育云平台、家校共育等信息服务渠道，为家长提供有针对性的个性化儿童早教服务。

各国在设计婴幼儿早期保教方案时都会考虑家长，尤其是父母的育儿需求和期望等。"所有非母亲的环境中（父亲、祖父母、家庭保姆、儿童保育中心），美国国家儿童健康与人类发展研究所（NICHD）早期儿童保育综合研究发现，较低的儿童成人比例和群体规模是积极（即敏感、温暖、反应和认知刺激）婴儿保育的最强预测因素；积极育儿的其他预测因素包括对养育孩子的非权威信念，以及干净、安全、整洁的物理环境，以及适合发育的玩具和学习材料。"[121]0至3岁儿童早期保教的过程质量及结果质量都与家长紧密相关，0至3岁儿童保教质量保障需要早教机构专业工作人员与家长关系网络的构建与合作。儿童早期保教工作的起点是早教工作者与父母共同工作；因此，最重要的儿童早期保教质量的衡量标准是，父母代表儿童对早期保教环境是否适合他们的育儿需要做出判断。早教机构、亲子园或保育院要注重与家长建立良好的伙伴关系。当保教机构的工作人员与家长都以一种尊重的方式分享关于0至3岁儿童身心发展的经验时，家长所知道的关于儿童的信息就被赋予了价值，早教机构的工作人员所提的建议也能够被家长所接受，这有助于在家庭和托儿所之间建立一种接纳和信任的伙伴关系。建议在新疆各地州幼儿园、妇幼保健院或社区建立家长学校，定期免费为家长普及关于0至3岁儿童抚养照顾、教育与指导方面的知识。同时，充分利用新媒体服务平台提供有关0至3岁儿童保教方面的专业信息，并开通有关0至3岁儿童保教的专业咨询与互动服务平台。相关部门需充分发挥和利用自治区教育厅已建立的家庭教育云平台，邀请具有丰富早教经验的专业团队参与其中，并为家长提供针对儿童的个性化儿童早期保教与指导服务。

整体来看，目前由于缺乏明确的政策监管和制度方面的规范，早期教育机构行业内部的管理仍旧处于分散状态，绝大多数的早教机构仍旧以商业运营的模式为主，以营利为主要的目的，过高的收费往往让家长们望而却步。国家相关部门应宏观调控早期教育机构的市场价格，让儿童早教课程趋向于普惠。

三、根据主要教养人的育儿需求施以有针对性的教养支持和帮助

目前，家庭仍是我国0至3岁儿童早期保教的主阵地。儿童早期保教长期以来都被视为家庭的"私事"，教养任务主要由父母及祖辈承担，还有部分是由保姆或育儿嫂看护，家庭育儿的主要方式包括祖辈与保姆组合的养育模式、父母共育与托儿所组合的养育模式、祖辈与父母组合的养育模式、母亲与父亲组合的养育模式等。不同的教养人面临的教养任务不同也有着不同的教养需求，因此对于0至3岁家庭教养的指导与支持，也须结合教养人角色及需求给予侧重点不同的帮助与引导。

首先，父母作为主要教养人，他们需要专业、系统且实用的育儿知识，以及育儿焦虑情绪的疏导。随着养育儿童经济成本的不断攀升，多数父母忙于工作，没有充足的时间和精力投入教养，同时深陷工作与育儿的困难挣扎之

中。对于父母来说，他们作为孩子的直接监护人，在教养孩子方面具有强烈的责任感，期望提供给儿童优质的保教服务。他们关注育儿博主，观看相关育儿讲座，或者和育儿有经验的父母进行交流，但是受时间、精力和经济条件等各方的限制，得到的信息往往是零散且不成体系的。此外，父母在试图运用学到的育儿措施时，可能会发现事情并不按预期的"套路"发展，由此会产生挫败感；当育儿问题得不到解决时，父母也会深感焦虑和紧张。有研究指出，父母，尤其是初为人父人母，在早期育儿过程中的情绪体验以消极为主，经常出现焦虑不安、疲惫甚至崩溃、不自信和不知所措等情绪状态。因此，对于父母作为儿童的主要教养人的指导，应侧重于开展基于育儿实践中问题解决的相关教养知识和技能的讲授与示范等培训活动。

其次，给予父母心理和情感方面的支持引导以缓解其教养压力亦是必不可少的。除此之外，应充分考虑到家庭育儿分工在实际生活中的差异性，尤其是父亲参与儿童照料的问题。0至3岁儿童家庭照料以母亲养育为主，父亲主要是以提供经济支持的方式参与儿童的抚育，在儿童照料与陪伴过程中参与程度较低。陈静与段赟通过城镇的"90后"双职工家庭父母合作育儿实践研究发现，父亲参与儿童照料缺失的类型主要包括闲暇参与、家庭责任感缺失、隔代抚育替代和育儿知识空白；父亲参与儿童照料支持的结构性困境在于父亲参与缺乏专业的家庭育儿指导、父亲育儿假期难落实、父亲参与的支持和促进政策不完善。据此他们建议从家庭儿童照料支持政策制定着手，建立家庭育儿分工合作模式与多元化儿童保教支持服务规划[122]。

最后，祖辈作为主要抚养人，他们需要的是更新科学的育儿观念及学习与儿童父母就育儿中的问题进行有效沟通。不少研究指出，祖辈参与0至3岁儿童照料呈增长趋势，他们是当之无愧的家庭育儿主力军。尤其是对于父母都上班的双职工家庭，出于经济实惠和放心考虑，不少家庭选择将教养婴幼儿的重任压在祖辈身上。相比于工作繁忙的父母，祖辈的时间较为充足，并且有耐心、有经验，能够给予孩子更多照顾及陪伴。然而，祖辈教养也延伸出了近年来引起广泛关注的诸多问题，如养育儿童造成的身体不佳，祖辈与父母的育儿观念冲突等。另外，由于祖辈在育儿过程中，大多数都依据传统的育儿观念（出于安全考虑，祖辈们可能会过度限制孩子的爬行活动），教与养关注内容的不平衡比较容易造成溺爱孩子、过度干预父母对儿童的管教等情况。总结祖辈父母教养孙辈的主要特性如下：一是，祖辈们的保教能力整体较好，能够敏锐地察觉孙辈的生理及情感等方面的需求，但是在与父母就儿童养育方面的沟通协调能力上仍需要进一步提升。二是，重养轻育的观念居多。例如，他们认为孩子吃饱穿暖就行了，不需要过早学习，也很少与孙辈们玩游戏。三是，祖辈在教养方法上比较偏好选择实用性方法，例如，如果儿童不服从祖辈的命令会采取直接制止和干预的方式。因此，对于祖辈教养人的指导，应侧重于改善教养观念，提高教养方法及方式的多样性与科学性，并解决因为祖辈与父母教养观念与方式不同而产生的家庭关系紧张等问题。

此外，部分家庭注重育儿嫂或保姆作为主要教养人参与到儿童早期教养的过程中，但参与程度有限。总体上保姆以生活照看为主，平日里虽然也会与儿童进行交流、互动、表达安慰或鼓励等情感交流或适当地给予教育及引导，但是受制于雇佣关系，他们在参与过程中（尤其是孩子教育方面）会有所保留，不会过多地"插手"介入，由此易出现"教"与"养"分离的问题。因此，对于这部分教养人的指导应侧重于提高其关于儿童早期保教方面的引导。通过对教养人教养需求特征的分析，可以从家庭教养指导内容和家庭教养指导方式进行改善。

第五章　早教机构视角下 0 至 3 岁儿童保教质量保障的现实样态及建议

自2016年以来，随着我国全面二孩政策的推广与实施，我国婴幼儿出生率出现增长趋势，人们关于儿童早期社会保教服务的需求越来越强烈，早教机构的数量也不断增加。早教机构儿童早期保教质量也就成为备受关注的民生问题。豪斯等人[13]与布里托等人[14]的研究都表明，除家庭养育的质量之外，儿童早期保教质量还取决于儿童早期保教机构提供的儿童早教服务质量及水平。

我国比较常见的提供0至3岁儿童早期保教的早教机构主要有两种类型。第一种类型是由私人或营利性集团或组织机构承办的品牌加盟早教机构。第二种类型是由企事业单位组织开办的附属于幼儿园的早教中心。这一章主要基于这两种常见的早教机构，以实地调研的方式探究其儿童保教质量保障机制的现状，分析出现的问题及原因，基于此提出改进的意见与建议。

第一节　两种类型早教机构的0至3岁儿童保教质量保障措施

在新疆，0至3岁儿童早期社会保教机构主要有两种类型。一种是由私人或私立机构承办的品牌加盟早教机构；另一种是由新疆维吾尔自治区企事业单位组织开办的早教中心。

一、两种类型早教机构0至3岁儿童早期保教的质量保障特征

（一）加盟型私立机构依托外援

此类加盟的私立早教机构大多提供的是非全日制的儿童早期保教服务。此类早教机构一般只招收1岁以上的儿童，预先设计不同的早期保教课程系列套餐，家长带儿童共同参与早教课程及相关活动。家长可以根据需要选择课程模块，收费根据家长所选早教课程的套餐及参加的活动类型及数量等确定，一般收费都比较昂贵，早教课程的授课时间相对比较灵活且可调整。加盟的私人或私立机构的儿童早期保教措施具体如下：

1.加盟早教机构的环境设计、课程开发与教师培训都依托加盟的国内或国外品牌早教机构

加盟型私立早教机构的管理者表示，加盟型早教机构依托国内外早教知名品牌的效应。加盟的早教机构接受加盟总部的一条龙式服务。一条龙式的服务主要包括：儿童早期保教环境的设计与装修、早教课程的开发及使用、早教教师关于课程使用及活动组织等相关专业培训。0至3岁儿童保教质量保障主要依托中国加盟总部。部分中国加盟总部的质量保障主要依托国外相关品牌早教机构。

加盟型早教机构的物质环境及硬件设施设备等都是由中国加盟总公司统一规划与设计的。从布局来看，有供家长与儿童等待的休闲区和几间单独的多功能游戏或活动室。每间活动室的功能与活动都各具特色，主要有艺术创作区、音乐区、语言区和大型游戏区等。每间活动室根据其功能的不同有适宜的布局及大小，每间活动室或游戏室的环境布置都是色彩斑斓的，且都摆放有一些成品的游戏材料和玩教具等。

加盟型早教机构的早教课程体系与教学实施方面的质量保障措施具体如下。首先，在早教课程理念方面，这类早教机构比较关注根据儿童身心发展阶段进行课程设计，鼓励他们在早教课程中积极参与及分享经验与体验，这与国

外以儿童为中心的早教课程理念是相契合的。其次，早教课程的内容主要涉及儿童的生活技能、社会交往、情绪情感的表达、艺术与语言等方面；有的早教机构还设有全球同步课程，如英语渗入儿童的游戏活动。加盟型早教机构秉承这样的理念，即每个年龄段儿童有不同的生理和心理特征，且每个年龄段儿童课程的侧重点会因儿童的身心发展需要不同而有所不同。有的加盟早教机构将6个月作为早教课程划分的年龄段。例如，1~6个月儿童的课程以感觉统合为主；7~12个月儿童的课程以语言敏感性及亲子关系的巩固为主。

其早教课程设置虽然考虑了不同年龄段儿童身心发展的阶段性特点；但是，早教教师在实施早教课程的教学过程中仍然存在诸多问题。在教学实施过程中，早教教师以培训的形式引导儿童与课程之间的互动；但是，课程实施中预设的部分比较多，早教教师普遍缺乏课程组织与实施灵活应变的能力；这与0至3岁儿童的学习方式（即融入游戏中，通过儿童感官与动手操作）相背离。且一次早教课程一般是30分钟左右，这与3岁以下儿童注意力集中时间短的特点不相符。早教教师统一接受早教课程的系列配套培训，课程的实施基本按照培训进行，他们缺乏对早教课程个性化的解读，缺少创造与生成的意识及能力。例如，在一次早教课程中，一名2岁儿童对早教课程中的内容及互动活动都不感兴趣，在地上打滚还咯咯地笑；但是，这位早教教师依然很淡定地继续教授课程，毫不理会个别儿童的不参与行为。

2.加盟型私立早教机构的早教教师方面的质量保障措施

其一，早教机构管理者声称早教教师都有与学前教育相关的各级各类培训证书，但是，具备国家认证的育婴师资格证的教师较少。早教教师的薪资待遇不错，多劳多得；工作时间较为灵活且有弹性，一般是一周几次。其二，早教教师专业的可持续发展方面，主要采取定期进行课程或管理方面的培训予以保障。即早教课程更新后管理者会派加盟总部的早教教师定期去国外加盟的品牌早教机构学习3岁以下儿童的系列早教课程。新疆地区加盟型早教机构的早教教师再到内地加盟型早教机构去学习与进修，考核合格后给早教教师颁发培训合格证书。其三，加盟早教机构采取企业绩效激励机制奖励早教教师。即根据家长关于早教教师组织活动及早教课程教授情况的反馈情况、满意度及其业绩情况调整其薪酬待遇。对于业务和专业等方面都表现得较为出色的早教教师，早教教师也会给予他们逐步晋升的机会；有的早教教师可能会进入管理层或成为片区的组织者或负责人。

3.加盟型早教机构的服务与管理以家长的需求与满意度为导向

加盟型早教机构的服务与管理质量保障采取的是市场导向，以满足家长的早期保教需要以及满意度作为参照，提供及调整儿童早期保教服务与管理制度。其服务与管理的评估主要来自家长关于早期保教的硬件及软件等各个方面的反馈意见，根据家长的早教需求及时调整早教课程的安排及组织形式等。如家长一般会要求早教机构降低师幼比；故而，一般加盟早教机构的师幼比是1：8，最多不超过1：15。一些家长还建议早教机构组织一些有意义的集体活动，如生日派对、春游活动、故事分享会等，但要收取额外费用。

加盟型早教机构的负责人与管理者除了考虑主要顾客，即家长的儿童早期保教需求，也会定期对早教机构中0至3岁儿童保教服务质量进行自主检查与自主评估等工作。但是，这些评估更多的是关注定级定等的结果导向的绩效评估，以"改进及可持续性发展"为导向的评估则相对较少。例如，早教管理者们针对早教教师刻板组织早教课程导致儿童不感兴趣、游戏的玩法单一等问题如何改进与整改的关注程度不够，却对家长关于某早教教师实施早期保教服务态度的投诉比较上心。管理者主要将早教中心作为一个企业看待，以利润最大化为出发点；他们与员工讨论更多的是如何做好市场营销工作以迎合经济水平较高的家长群体的育儿需求，比如增加这类家长感兴趣的早教课程或活动项目。

（二）企事业单位开办早教中心注重内涵式的多方参与的联动机制

另一种比较常见的儿童早期社会保教机构是由新疆维吾尔自治区某企事业单位组织开办的早教中心或儿童之家。此类早教中心主要为1岁半至3岁的儿童提供早期保教服务以及家庭育儿指导。由企事业单位开办的早教中心部分隶属于幼儿园；部分是单独开设的早教中心，也有的是在幼儿园中开设的托儿班。早教中心与幼儿园之间是相互衔接的，有利于儿童顺利度过两次过渡期（第一次是从家庭到早教中心的过渡，第二次是从早教中心到幼儿园的过渡）。这类早教机构一般提供全日制或是半日制的儿童早期保教服务；而且主要是按月收费，收费相对比较昂贵。由企事业单位开办早教中心关于0至3岁儿童保教服务的质量保障主要表现出两个主要特征。

1.以促进0至3岁儿童身心全面发展为导向

早教中心环境方面与早教课程体系及教学实施等方面都能体现出促进儿童身心全面发展为重心的特点。其一，早教中心的室内与户外环境主要是由室内设计师与学前教育教师们等相关人员共同商量讨论设计的。例如，室内外都以暖色系的颜色为主，以刺激3岁以下儿童的视觉敏感性；早教中心的室内环境布置比较温馨舒适，为儿童营造家的温馨氛围，以此缓解3岁以下儿童的分离焦虑情绪。活动室的布局与幼儿园的比较类似，包括娃娃家、生活区、公共区、绿植区、大型游戏或活动区等；活动区的设置及玩具投放也考虑到3岁以下儿童的身高及其关于游戏材料逼真性及独占性等需求。其二，早教中心课程的核心教育理念是在兼顾某一年龄段儿童身心全面发展的基础之上，充分尊重每位儿童个体化的发展需要。早教课程设置遵循3岁以下儿童的身心发展特点与规律，从3岁以下儿童的日常生活出发，通过生活、运动、语言、艺术、游戏等课程促进儿童情绪情感、社会适应、生活自理等方面的发展。此类早教中心的早教课程的设计将儿童保育与儿童教育融为一体；主要体现在以下两个方面：特色之一是亲子课程，特色之二是衔接课程。亲子课程是家长与儿童一同参加，以游戏或实操活动的方式开展和进行。其内容主要涉及儿童的身体保育方面，例如，针对儿童的被动体操及如何引导学步儿的大肌肉运动等；还包括儿童早期学习及发展方面，例如，有关家长如何挑选适宜儿童的绘本的指导，以及家长与儿童如何开展早期绘本阅读方法的指导等。衔接课程则主要是为3岁左右儿童顺利进入幼儿园开设的过渡课程，主要涉及对幼儿园物质环境的熟悉，以及与幼儿园的儿童及教师的交流与互动等。

2.儿童的主动性与积极性在早教课程实施过程中彰显

早教课程组织实施的整个教学过程中，儿童的主动性与积极性也能够得到彰显和发挥。

其一，此类早教中心主要是小班制的，师幼比控制在1∶10左右，较为合理。一次儿童早期保教活动的时间控制在5~10分钟，这符合3岁以下儿童注意力集中时间短的特点。其二，此类早教中心的儿童早期保教服务以活动为主，活动中为3岁以下儿童提供各类成品、半成品及自然的游戏材料供儿童自由游戏或与教师、儿童及家长共同游戏使用。

3.由"教研中心"、其他早教机构及其幼儿园等结成儿童早期保教的质量保障联盟

企事业单位开办早教中心，对早教教师进行专业性培训及保障早教服务管理方面的质量主要是通过专门的"教研中心"、其他培训机构与其他幼儿园组成的联盟实现的。早教教师培训及专业发展主要由"教研中心"负责。有时他们也会与获得国家认可的相关培训机构签约合作，负责对早教教师进行岗前培训、在职进修及继续教育等，培训合格后颁发国家认可的相关资格证书。企事业单位开办的早教中心的管理者也鼓励早教教师通过非正式学习促进专业发展。例如，鼓励早教教师们积极参加市级、省级及国家级各类说课与讲课比赛、玩教具制作大赛与各项技能比拼大赛等活动。企事业单位开办的早教中心的教研中心的管理者或负责人还对教师组织的儿童早期保教各项活动进行定期考核与评估，并基于此提出整改意见，主要采取的是以考评促发展的方式。分管教学的负责人还要求早教中心的早教教师每日观察和记录儿童的一日生活情况，及儿童各方面发展的进步，并鼓励教师通过撰写反思笔记的方式对儿童早教的一日活动及集体活动进行自查、自评与自纠工作，也会以一个年龄段成立一个教研组，负责人每周会围绕儿童早期保教的某个主题或经常存在的问题组织早教教师们定期开展讨论和交流活动。主管教学的院长或园长每月会随机抽查早教教师在实施儿童早期保教过程中是否秉承了该园倡导的教育理念。每学期，早教中心的考评团队还会对儿童早教的各项工作进行一次综合性的、整体性的考评。从教师自评到教研组他评，并结合院长或园长的定期检查，层层落实以保障儿童早期保教过程质量。

二、两种类型早教机构的儿童早期保教质量保障机制的对比

早教机构提供的高质量儿童保教能够支持婴幼儿社会情感、认知及身体等方面的发展，并为家长的科学育儿提供专业支持与帮助。这两种类型早教机构的保教质量保障机制都涉及以下几方面：儿童早期保教服务理念的质量保障、早教课程与教学质量保障、早教教师专业性的质量保障、早教服务与管理的质量保障。

（一）儿童早期保教服务理念的质量保障：早教机构质量保障机制的导向

儿童早期保教理念关乎早教机构质量保障的基调，影响早教机构的早期课程与教学活动、早教教师及早教管理与服务的质量保障。通过对两种类型早教机构的儿童早期保教理念的比较与分析，发现私立品牌加盟型早教机构与附属于幼儿园的早教中心都秉持以人为本的教育理念。以人为本的教育理念，就是以人为核心，坚持和运用马克思主义关于人的本质、人的价值、人的需要和人

的全面发展的理论。即把满足和引导婴幼儿的身心发展需求作为儿童早期保教的前提和出发点；把激发婴幼儿的主体意识及其主观能动性作为儿童早期保教的着力点；把对婴幼儿的尊重、关心、理解作为早期保教的基本原则；把促进婴幼儿全面及富有个性化发展作为早期保教工作的目标。

私立品牌加盟型早教机构保教理念的确立一般直接借鉴国内或是国外总部早教机构或集团的保教理念，即秉承"儿童中心"的教育理念。企事业单位主办的早教中心的保教理念则与其主办的幼儿园的保教理念保持一致。这种理念贯穿于0至6岁儿童的保教之中，也凸显了现代教育理念与本土教育理念的融合。

（二）早教课程与教学质量保障：早教机构质量保障机制的载体

早教课程与教学活动是儿童早期保教的基本环节，早教课程与教学质量保障是早教机构质量保障机制的重要载体。调研发现，这两种类型早教机构的早教课程与教学质量保障都主要涉及早教课程体系的构建、组织与实施、评价与改进。私立品牌加盟型早教机构中的早教课程属于狭义范畴的，即与婴幼儿的生活技能、社交与情感、艺术与语言等发展领域相呼应，各个课程之间彼此独立，且都缺乏基于活动主题的整合与融合。而且，私立品牌加盟型机构早教教师关于早教课程的组织与实施呈现出一种忠实执行的取向，缺失灵活性与弹性。早教课程评价与改进以市场为导向，即以"流行"的早教课程为其特色，以家长的满意度为指标与参照。

企事业单位主办的早教中心的早教课程则是基于广义的课程观。此类早教机构的早教课程不仅将儿童各领域的发展纳入其中，还将儿童日常生活中的吃饭、洗漱、如厕等活动也纳入其范畴中。且这类早教机构更关注帮助儿童顺利进行两次过渡的衔接课程与亲子课程的开发与组织实施。教师对早教课程的组织与实施是一种相互适应的取向或课程创生的取向。其早教课程的评价主要采取内部的自我评价与他人评价，以及定期的外部评价相结合的方式，秉持着以评价促发展及改进的导向。

（三）早教教师专业性的质量保障：早教机构质量保障机制的关键

早教教师是儿童早教活动及家长育儿指导活动的设计与构建者、组织与实施者、评价与改进者。早教教师是整合社区、医院和其他相关部门等相关早期保教资源的重要倡导者与参与者。早教教师也是儿童身心健康保障体系的共商共建者。早教教师的专业资质及其专业培训模式等都对早教机构质量保障的有效性起到决定性的作用。

私立品牌加盟型早教机构的一部分早教教师是经过短期培训的非学前教育专业人员；另一部分则是有学前教育相关资格证书的工作人员。但是，具备中华人民共和国人力资源和社会保障部认证的育婴师资格证的早教教师人数相对较少。早教教师的继续教育及专业培训主要是以外援式的发展模式为主。即早教教师到加盟品牌早教机构总部参加相关学习与培训活动，如婴幼儿系列早教课程的配套操作程序；考核合格后通过颁发培训合格证书的形式对其专业性进行认定。企事业主办的早教中心的早教教师大多数是学前教育专业毕业，但是，具备育婴师资格证的教师人数也相对较少。这种类型早教教师的继续教育与专业培训主要是以内涵式发展与外援式发展相结合。所谓内涵式发展是指，早教教师的专业发展及培训主要依托于早教中心或幼儿园内部的关注早教质量的"教研中心"。外援式发展模式则是指，他们将早教教师的岗前培训、在职进修及继续教育等委托给国家认可的相关教育培训机构，通过签约合作的形式实行早教教师的订单式的专项培养及考评。

（四）早教服务与管理质量保障：早教机构质量保障机制的制度保证

早教机构的各项活动都需要管理者基于对其具备的人力资源与物质资源现实情况的清晰把握，根据不同早教活动的性质与目标对人力与物质资源进行有效的配置、选择、调整及整合；并通过制度与规定的形式对其进行规范与管理。早教服务与管理制度的建立、完善、修正及调整等是早教机构儿童保教质量机制的支柱与保障。早教机构与其所在市区、县教育部门、卫生部门及社区等组织相互配合及协调的制度；早教活动的日常检查及管理制度；早教教师的专业激励措施、考核及晋升管理制度等都保障早教机构的儿童早期保教质量。

私立品牌加盟型早教机构在市场机制的作用下，其服务与管理寻求早教市场需求与其提供的早教服务与管理供给之间的平衡，且在竞争机制的驱动下实现其利益的最大化。故而，此类早教活动管理制度的高效是其显著特征。早教教师的管理主要围绕"优胜劣汰，多劳多得"的绩效制度进行。他们重视与加盟总部及其他加盟早教机构就经营与管理问题的共商及经验的共享，相对忽视与其他类型托育机构及相关组织机构的互通互联。企事业单位主办的早教中心的儿童早期保教服务与管理则是以人为本的价值与理念，即将人力资源的开发、培育、调配与运用作为其提供早教服务与管理工作的核心。这种以人为本的理念一方面体现在基于儿童身心发展的需求及家长关于高质量儿童早期保教服务的期望。例如，制定了家长参与、反馈、监督、评价儿童早期保教服务等制度。另一方面，它还体现在其管理制度聚焦于早教教师专业自主意识的启迪、专业品性的培育、专业知识的积淀以及专业能力的提升等。

第二节　早教机构管理者及教师对于儿童早期保教的需求

一、早教机构管理者：聚焦于较高的经济效益与良好的社会形象

早教机构管理者是统筹、分配及协调早教机构中各类资本，为0至3岁儿童提供高质量保教服务的重要群体。早教机构管理者最迫切的利益诉求是获得较

高经济效益的同时能够树立良好的社会形象。这与早教管理者关于早教机构智力资本的积累及运用有关。尼克·邦第斯（Nick Bontis）认为，智力资本包括人力资本、结构资本和客户资本（customer capital）[123]。首先，早教机构管理者希望通过采取适当的措施与条件创造吸引、积累及优化早教机构的人力资本。即通过为他们创造良好的组织以及氛围，提供持续的专业发展机会、晋升与加薪的机会，招募并留住优秀的早教人才。其次，管理者关注早教机构的结构资本，即合理安排早教机构的组织结构；制定激励员工的管理制度及规范，以及打造增强员工凝聚力的文化与组织氛围。管理者也比较关注早教机构的客户资本，即他们希望与家长、其他早教机构、社区、医院和高校等结成合作伙伴关系，通过共享资源与技术，支持提高早教机构的经济与社会效益。

早教机构管理者还亟需提升其作为一名专业的儿童早期保教管理者的综合素养。很多早教机构管理者，尤其是私立机构的早教管理者都表示，自己要身兼数职，需处理的事务比较多且涉及的领域跨度大，力不从心的感触较深。早教机构管理都会涉及一些行政工作，因此，关于儿童早期保教活动的组织及管理活动方面的领导能力的修炼是必需的。例如，早教的人事安排如招聘员工的策划、筹备及组织工作；早教中心硬件设备的定期自查及应对教育部、检验检疫局、消防部门等部门的定期检查；早教中心的收支账目的整理及税费的缴纳等。早教机构管理者的工作还包括监测及保障儿童早期保教的过程质量。他们也需要在儿童早期保教的专业素养方面提升。例如，为早教教师与儿童，儿童之间，以及儿童与早期保教环境中的高质量互动提供教学支持与资源共享。

二、早教教师：关注其工资待遇、专业成长、组织氛围及管理

早教教师直接参与0至3岁儿童保教活动及家长育儿指导活动，他们是早教机构提供儿童早期保教服务中最重要的利益相关者之一。外界普遍比较关注

早教教师的专业资质及专业素养是否能够胜任0至3岁儿童早期保教工作，但相对忽视早教教师目前的生存现状及其职业幸福感与专业发展诉求等方面。早教教师的第一个利益诉求是获得合理的工资薪酬、社会福利待遇及社会与专业地位。早教教师普遍反映，多数私立早教机构都是半日制或是小时制的，早教教师获得的薪酬与参与早教课程的家长人数及其选择的课程套餐的类型有关，且薪酬待遇波动较大；尤其是在新冠肺炎疫情期间其薪酬急剧下降。较多私立早教机构采取企业的绩效管理模式，即多劳多得，不劳不得。他们的基本社会福利待遇虽有保障，但与公立幼儿园的教师相比还存在一定差距。从社会与专业地位来看，早教教师普遍被公众定为"看护阿姨"或"保姆"的角色，其专业地位未能得到普遍认可。

早教教师的第二个利益诉求是能够在融洽的组织氛围中工作并获得安全感、成就感与归属感。这关系到早教教师的心理健康，尤其是职业幸福感，也是决定其是否继续从事早教相关工作的主要驱动力之一。部分早教教师反映，因竞争关系，早教教师同行之间较少进行团队合作及关于早教实践的研讨，早教管理者也较少组织集体活动。

早教教师希望政府相关部门及早教机构能够满足他们专业成长与发展的需求，以此提升自身人力资本价值，这是他们第三个利益诉求。部分已经转岗离职的早教教师表示，早教事业的前景虽好，但是目前儿童早期保教服务体系，尤其是支持早教教师提升专业知识与能力的体系尚不发达。有部分仍然坚守在早教岗位上的教师们反映，早教机构也会定期派他们到总部接受最新的早教系列课程的培训工作并颁发证书，但是，面对家长关于0至3岁儿童早期学习与发展方面的问题与困惑，他们深感自身专业素养的局限。

第四个利益诉求是早教教师希望能够获得早教机构管理者的信任与合理授权，参与早教机构的管理与决策并拥有一定决策权。早教管理者适度"赋权"于早教教师能够凝聚人心，增强其主人翁意识。早教教师普遍感受到早教机构仍然是科层管理的模式，即早教管理者是管理者，早教教师是被管理者，前者管着早教教师，早教教师在专业方面的自主性和独立性并未受到重视。早教教师更希望采取扁平式的上级与下级互通互联式的管理模式。

第三节　早教机构视角下0至3岁儿童保教质量保障的问题及原因分析

一、早教机构缺失外部监管且内部管理失调

目前，由于我国3岁以下儿童早期保教尚未纳入义务教育体系，早教机构的开办及早教活动的组织关涉到多个部门，如工商部门、教育部门、卫生部门、妇联、社区等。但是，这多个部门分管的内容尚不明确，儿童早期保教质量一些内容的监管还处于模棱两可的灰色地带。一般来说，大多数早教机构是以教育培训类公司的名义在当地的工商部门进行注册。通常，工商部门只负责审核早教机构或早教中心是否具备一定资本、场地等合法手续，税费的及时缴纳以及其他相关资质等。由于相关法律及政策的缺失，极少数早教机构或早教中心会主动向当地的教育行政部门等进行备案。教育相关行政部门也未对他们组织及开展的儿童早期保教服务进行定期的检查、监管及整顿工作。卫生部门则主要负责早教机构中的早教环境的卫生达标情况，以及卫生保健方面工作的落实情况。妇联与社区等部门与早教机构只有一些交集的活动并对后者进行零散且浮于表面的指导。因此，早教机构或早教中心提供的儿童早期保教服务质量相对比较缺失有效、定期且指向明确的外部监督和管治。

早教机构或早教中心内部的管理主要涉及有关人力、物力、财力和信息等资源的调配与统整。在利益的驱动下，他们主要的管理模式更为注重参加早教课程家长的数量及能够带来经济利润的早教课程，相对忽视早教机构以及早教

工作者的可持续性发展。

在人力资源投入方面，早教机构主要存在过度用才、过度耗才以及相对忽视育才、助才的不平衡等方面的问题。在物力资源的建设方面，儿童早教环境的布置以及相关玩教具及材料的投放存在一次性投入一劳永逸的情况，未能随学前儿童游戏主题的更换而对早教环境进行定期更新及玩教具的增加与更新等。在财力资源的分配方面，更多早教机构会将大部分资金投入市场营销与早教环境装修及游戏设施设备的购置上以吸引更多家长，对于软件方面的经费投资（如凝练及打造有特色的早教课程品牌，早教工作人员定期的专业素养培训等）则相对匮乏。在信息资源方面，早教机构，尤其是私立早教机构与其他早教机构、幼儿园等相关部门合作的范围狭窄且次数有限。早教机构内部各类资源的调配与统整的原则基本上以利益最大化为准则，即以最小的投入换取最大的利润，更关注短期内的经济效益，相对忽视长期的社会效益的发挥。

还存在另一个问题是私立加盟型早教机构的儿童早期保教服务以及管理都过分依赖其所加盟的总部早教机构，缺乏独立的创新意识与能力，尤其是缺乏有关早教课程及游戏活动等的自主研发的意识与能力。就早教机构的管理仅限于加盟总部或是其他城市的同类型加盟园进行早教资源共享，并就经营与管理方面的问题进行内部的屈指可数的交流；而且，他们也较少与其他类型的早教机构进行交流学习与合作。私立加盟早教机构还比较缺乏内部自评与自治管理的相关规章制度，以及儿童早期保教服务治理的各项风险评估体制与机制的构建。

二、早教机构仍然无法满足家长多样化的儿童早期保教服务的需求

目前，早教机构整体数量较少，且主要集中在各个地方的城市。而且，就目前早教机构提供的儿童早期保教服务而言，仍然无法满足家长多样化的育儿

需求。

首先，现有的早教机构无法满足来自贫困、残疾或其他弱势群体家庭的早期保教需求。这类家长的早教需求是能够获得具有普惠性与针对性的儿童早教服务。然而，现有的早教机构或早教中心不仅收费昂贵（私立早教机构按家长选择的课程板块收费；企事业单位主办的早教中心按月计算保教费，收费都比较昂贵），而且提供的儿童早期保教服务类型相对比较单一（家长陪同儿童参加早教课程为主，仍然不能为家长解决育儿与工作时间冲突的问题；提供小时制、半日制及全日制的儿童保教服务的早教机构较少）。私立早教机构提供的儿童早教服务范围狭窄，主要体现在他们提供的早教服务都是统一的、预成的；其服务范围不包括针对婴幼儿的特殊需要提供个性化早教服务；针对家长的育儿支持及指导也相对较少。早教机构的这些特征是造成儿童早期保教服务与家长育儿需求之间出现供需失衡的原因。

其次，现有的早教机构无法满足准备要二孩与已经有二孩家长的育儿需求。其一，这两类家长都更关注早教机构如何保障其能够提供便利且优质的早教服务，及其能够享受哪些有关3岁以下二孩的早期保教服务的优惠政策。近期，早教机构虐童事件的频出，更加深了家长关于早教机构资质及其提供的儿童早期保教质量的怀疑与担忧。这一方面由于国家相关部门尚未出台有关3岁以下儿童早教机构提供的儿童早期保教质量监测、评估及整改等一系列完备的监督体制及机制。其二，缺乏基于大数据背景的有关家长多样化育儿需求的定期实地调研及普查，也缺乏将家长的多样化育儿需求与早教机构及其他专业协会组织的儿童早期保教服务活动相整合的工作。其三，还缺乏由专业认证或是评估机构对早教机构提供的儿童早期保教服务质量评估，并根据评估结果取缔不合格的早教机构，奖励提供优质儿童早期保教服务的早教机构。其四，缺乏对于家长在家庭中的科学育儿方面的支持性政策与指导性方针等。儿童早期保教需要渗入儿童每日生活的各个环节，确保他们在与同伴及成人交往的过程中积极主动地学习，但就目前而言，早教机构或早教中心未能做到。

三、早教机构教师的专业性不强且流动性大

早教教师在早教工作中的稳定性、任期时间以及离职率等都是影响3岁以下儿童早期保教质量的重要因素之一。儿童早期保教专业人员的受教育程度以及他们是否接受持续性的专业化培训等都与儿童早期保教服务的质量紧密相关。就目前来看，早教机构的师资仍然存在诸多问题，这些问题主要表现在以下两个方面。一个方面的问题是，早教机构教师的流动性较大而且离职率较高。因为3岁以下儿童的早期保教尚未纳入义务教育体制，所以对于早教教师来说，从事3岁以下儿童早期教育的稳定性与公立幼儿园老师相比并不高，而承担多门早教课程的教师的劳动强度大，承担的压力与责任也较大。但是，很多早教教师的工资待遇较差，工资待遇的稳定性也不高。早教教师的专业性目前还未得到社会的普遍认同，故社会地位相对较低。一部分有学前教育专业学历的早教机构教师将之作为就业过渡期的暂时性选择，而非真正当成一种长期发展的职业。另一部分则是没有学前教育专业学历的从事早期教育工作人员，他们随时会选择薪水更高或相关福利待遇更好的工作并跳槽。早教教师的不稳定性及频繁更换都会造成儿童早期保教质量的低下。

另一方面的问题是早教教师专业素养参差不齐，整体水平不高。目前，很多早教教师都声称拥有育婴师培训合格证书，而非拥有育婴师资格证书。各类证书颁发的机构是否是国家认可的权威机构，以及获得相关证书是否意味着他们的儿童早期保教能力较高等都是未知的。很多早教机构宣传其早教教师具有学前教育专业学位，但是，是否真的允许家长或专业部门审核与验证都尚不明确。

在早教教师职前教育中，专业素养培养方面的问题具体如下：其一，早教中心招聘的部分早教教师是非学前教育专业的，有的甚至不是教育类专业的，

仅仅通过短期的早教课程等相关培训获得培训合格证书。他们缺乏比较系统的有关学前儿童尤其是0至3岁儿童身心发展的相关理论知识与儿童早期保教实践能力。其二，早教中心招聘的部分早教教师是学前教育专业毕业，但是，因有的高校并未开设关于3岁以下儿童早期保教的相关课程及实践环节，他们对0至3岁儿童的身心发展需求及儿童早期保教重点都缺乏理论层面的知识及能力的储备，且其教育见习与实习过程中缺乏关于0至3岁儿童的观摩、参与及学习的机会与实践经历。这主要由于新疆地区的师范类院校关于早教教师专业素养方面的准备仍然处于缺失状态。目前，我国大多数师范院校学前教育专业的培养方案主要聚焦于幼儿园教师专业素养的培养；新疆地区的师范类院校的学前教育专业也较少涉及早教教师专业素养的培养。

早教教师在职培训与继续教育方面的具体问题如下：第一，私立早教机构管理者秉持"市场导向"，更关注早教教师业绩的产出，忽视对早教教师专业素养提升方面的人力资本的投资。企事业主办的早教机构针对早教教师的园本培训大多停留于早教课程如何讲授的经验介绍与分享层面，缺乏专业且科学的教育引导。第二，早教教师关于其专业发展及专业素养提升的自主性与能动性欠佳，大多数早教教师都是被动地等待早教机构或早教中心安排他们出去参加各项培训活动。而且，早教教师并不清楚自身的哪些专业素养需要提升以及专业提升对于其未来薪酬与职位的影响，这也是造成他们未能积极参加继续教育或进修学习的一个主要原因。这些因素都会直接导致早教教师关于儿童早期保教工作的认同感与成就感偏低，也致使他们离职率上升。

四、早教课程照搬照抄的现象严重且本土化程度偏低

一般，早教机构都不具备自主研发早教课程的意识与能力，主要提倡借鉴国内外先进的早教课程，如蒙台梭利早教课程、奥尔夫音乐课程、感觉统合训练早教课程等。早教机构管理者关注的更多是国内外早教课程的外显的以及

可以直接模仿和学习的实操部分，如儿童早教课程的设置、组织与实施的方法及流程等。早教机构管理者相对忽视国内外早教课程内隐的早教课程理念、教学组织实施、游戏活动的设计与创编等核心组成部分，也不知道早教课程研发遵循的教育理念、具体的实施流程以及改进机制等，如国内外知名早教机构的早教课程开发的特殊文化与传统背景、教育教学理论基础、价值导向、适用范围、优势与不足等。这种直接照搬照抄国内外加盟型早教机构的问题，在私立加盟型早教机构中尤为凸显。

在借鉴国内外先进的儿童早期保教课程的过程中还存在另一个问题，即早教机构的早教教师未能将中华传统文化与本地的优秀团结文化的精髓融入其早教课程的设计、组织及实施过程之中。部分早教课程内容与儿童的实际生活经验及其生活中的本土文化和风俗习惯等相割裂和剥离，未能充分地展现蕴藏于其中的教育价值与意义。这可能会造成婴幼儿的学习动机较低、学习兴趣无法有效激发，以及学习效果不佳等方面的问题。

早教机构的管理者作为早教课程的选择者、开发者及调控者，他们对早教课程缺乏专业的敏感性及正确分析和解读的能力，这会直接影响早教教师关于早教课程的理解与把握、组织与实施以及评价与改进。早教教师作为早教课程的设计者、开发者与具体的实践者，他们关于早教课程内容的选择、建构、组织与实施、评估与改进等方面缺乏专业判断与自我反思的意识及能力也是儿童早期课程的组织与实施过于呆板及固化的一个主要原因。作为早教课程的参与者及受益者，部分家长急功近利，对早教课程提出不合理的要求，间接影响管理者与教师对早教课程的内容选择、组织实施以及评价等。

第四节　早教机构层面保障0至3岁儿童保教质量的建议及策略

从早教机构角度出发，提高0至3岁儿童保教质量可以从环境创设、师幼互动以及提高早教机构管理三方面进行阐述。

一、早教机构层面儿童早期保教环境的创设及优化

早教机构环境是指早教机构中影响婴幼儿发展的各种物质环境和精神环境的总和。物质环境是指在早教机构内能够影响婴幼儿身心发展的物质层面的教学设施及材料。它们能够提高婴幼儿认知及激发婴幼儿求知欲望，能有效彰显婴幼儿的主体地位，是婴幼儿教育教学活动展开的重要物质保障，对婴幼儿的生活、学习和成长都发挥着重大作用。精神环境主要包括早教机构内早教教师与婴幼儿，婴幼儿之间互动交流过程中形成的氛围及关系等。所以，早教机构的儿童保教环境的创设主要包括物质环境的创设和精神环境的创设。

（一）早教机构物质环境的规划及创设

1.早教教师层面

第一，早教教师应该树立正确的环境创设理念。

早教教师作为早教机构环境的主要创设者，对于环境创设需要树立正确的观念。首先，早教教师应该意识到儿童是在与环境及材料相互作用中学习和发展的，并认识到儿童早期保教物质环境创设主要是促进儿童的学习与发展的，而不是为了应付家长和上级领导检查的。其次，早教教师在实施儿童早期保教的过程中，应对国家关于儿童早期保教中有关环境创设的要求与规定进行学习，加强理解并结合所在早教机构进行儿童早教物质环境创设与精神环境的营造。早教教师在创设儿童早期保教环境的过程中还应避免照搬照抄和生搬硬套，要根据所在早教机构的优势与特色，将当地的传统文化特色作为背景性元

素有机融入其中。同时，还要考虑到早教机构中不同年龄段的儿童主要的心理发展任务与特点，让早教的环境创设具有比较清晰的目标。最后，早教教师还要提高自身的进取心和责任感，在早教实践中不断完善并创设适宜儿童发展的物质环境，在环境创设的过程中始终考虑环境创设的动态性、创新性及适宜性。

第二，教师要增强创设早教环境的实践能力和反思能力。

早教机构的教师需要增强环境创设的专业实践能力和反思能力。首先，早教教师基于各种环境创设先进理论以及有利于儿童学习与发展的视角，根据儿童不同年龄发展的主要任务，投放适宜儿童操作及与成人互动的玩教具材料，创设适宜发展儿童感官的环境。其次，早教教师要注重来自日常生活中各类物品、自然风光、传统建筑等资源的开发与利用，并以此为基础探索具有特色的玩教具的制作以及一物多玩的方法。最后，早教教师根据儿童与早教环境及玩教具的互动情况反馈其关于环境创设及调整的反思与改进。一方面，早教教师要反思在环境创设过程中的成功经验；另一方面，早教教师应反思儿童早期保教环境的创设是否达到预期效果，并对儿童与早教环境互动的过程中存在的困难、原因及解决策略等进行总结与概括。

2.早教机构的早教管理者层面

第一，早教机构环境做到安全及卫生。

保障儿童的身体以及心理安全是早教机构环境创设中首要考虑的因素。早教机构中的各种装饰品、柜台、门窗和电源等有可能会给儿童造成伤害，早教管理者需要预先考虑到这些潜在的隐患。儿童活泼好动，但是对事物的认知有限，缺乏自我保护意识，任何潜在的危险都要考虑在内。所有的设备及陈设家具都要确保没有明显的边缘、裂口等，防止儿童误伤。早教管理者应定期排查早教环境中的安全隐患问题。在注重保障儿童安全的同时，卫生也同样需要重视。例如，进出早教中心需要换鞋，地面用材要保温隔热、防潮防滑且好打理，也可铺设抑菌软垫；室内还要注意通风透气，对各类玩教具进行定期清洁消毒以避免病菌对儿童的侵害及感染。

第二，早教机构合理规划内部空间。

不同年龄段的儿童生理发育和行为特征有所不同，为了适应不同年龄段儿童的学习与发展，空间布局需要根据儿童的年龄特征和课程体系合理规划。早教机构的室内空间的整体布局敞亮，公私分开、洁污独立，分区布局合理，活动区域界线分明，属于同一类型的活动区域放在一起（例如，安静的活动区放在一起，喧闹的活动区挨在一起）；另外，还需要考虑在游戏中各个活动区域之间的互动与交流。早教机构大多采取小班教学的形式，每次早教活动的儿童一般不超过10人，而且一般都是由家长陪同参加，因此活动区的面积一般都在40平方米以上。儿童在这个阶段活泼好动，需要有一个供玩耍的地方，早教机构内可以设置供儿童玩耍及交友的活动室与玩具室。儿童早期保教环境的创设是不局限于室内环境的，若是有需要，可以根据实际情况开设户外活动室，让儿童接触自然，但是要注意室外花草等植物的选择须无毒无刺、无过多花粉，防止儿童对花粉过敏的情况。区域的布置不仅要考虑儿童家长的育儿需求，例如，设置哺乳室以方便妈妈哺乳婴幼儿，在卫生间设置尿布台以方便给宝宝更换纸尿裤，还可以为早教工作者设置工作休息室，让教职工可以保持良好的心态与活力，与儿童进行高质量互动。

第三，早教机构应合理规划各功能室布局。

首先，早教机构的空间规划和设计应该同时考虑"一室多用"以及"几室共用"。家具要根据儿童的身高尺寸选择大小，在设计家具造型时要考虑不同年龄阶段的身高、发育特点及生活习惯等因素。可以选择固定的家具，还可以选择可以组合移动的家具，方便在开展儿童早期保教活动过程中拓展更大的空间。组合家具与固定家具最大的区别就是这种家具可以根据使用要求进行拆分、伸缩和叠加等，满足不同早教活动对物质环境创设的不同需求。其次，合理规划空间色彩可以通过刺激儿童视觉，帮助儿童更好地发挥想象力和创造力。关于早教机构内空间色彩的选取也需要考虑不同区域的性质，每个区域内的颜色最好不要超过三个，否则会分散儿童的注意力。在一些大动作游戏区的空间适宜选择暖色系的颜色，如红色、橙色、黄色等，让儿童产生兴奋感以提高他们的创造力。在相对需要安静的活动区域（例如，阅读区、绘画区、休息区等）可选择冷色系的颜色，让儿童集中注意力，专注于当前的活动。再次，早教教师还应注意做好儿童早期保教各个活动区域儿童自由选择及参与的频次和具体情况，并根据儿童与活动区域的环境及玩教具材料的互动情况，对早教环境进行重新规划与调整。例如，将儿童不感兴趣的活动区撤掉，增设儿童感兴趣但是数量不足的活动区。

（二）早教机构精神环境的创设及优化

1.早教教师与其他工作人员构成学习共同体

第一，建立良好的同事关系。

早教教师与其他工作人员构成学习共同体，和谐的同事关系必不可少。和谐的同事关系不仅有利于工作能力及水平的提高，也会给儿童早期社会交往树立榜样，帮助儿童建立良好的同伴关系。早教机构中有早教管理者、早教教师、营养师、保安等工作人员；早教机构中的保教工作需要工作人员围绕儿童早期保教的学习与发展互相沟通及互助合作。早教机构中的每个职员都应具备向他人学习及共同合作的意识，并深刻意识到早教工作是需要各部门协同合作的系统性的工作。

第二，教师之间互相学习，共同进步。

儿童的学习、生活、健康和安全彼此相互联系且不可分割。因此，儿童早期保教工作人员要有合作的意识与能力，共同为儿童的身心和谐全面发展而努力。早教机构中的教职员不仅需要相互帮助，彼此合作，还应该结成学习共同体进行学习。例如，充分发挥传帮带的作用，即有经验的早教教师在早教实践中带新手早教教师，新手早教教师通过模仿与观摩向有经验的早教教师学习。

新手早教教师的入职也给早教机构注入了新鲜血液，可以向有经验的早教教师传递新的育儿理念及先进的早教课程等内容。儿童早期保教工作者之间也可以相互学习，不同职位的早教工作者也可以相互学习。例如，早教教师可以向营养师学习，了解食物的各种营养搭配，早教教师可以向早教管理者学习有关儿童早期保教顶层设计的规划。总之，早教教师之间的相互学习与相互成长不仅可以促进早教教师自身的专业成长，还有利于建立优秀的早教教师团队。

2.早教教师与儿童之间的高质量互动

良好的师幼互动的特征之一是儿童积极主动地参与互动。这能促进儿童身心健康发展，能促进教师提升自身的教学水平和教学素养，还能提高早教机构的教学质量和影响力，从而扩大生源以促进良好家庭关系的建立与发展。早教教师与儿童互动质量的提高主要从以下四个方面进行阐述。

第一，树立正确的儿童观并贯彻以儿童为本的理念。

作为早教教师，首先要树立正确的儿童观和教养观，在与儿童相处的过程中应当以民主、平等的态度对待儿童。早教教师应该将儿童作为一个独立的个体看待，知道每个儿童都有自己独特的情绪、观点及个性特点，并且要善于倾听和理解儿童的行为，与儿童在融洽的氛围中交往及互动。其次，早教机构中的儿童年龄都尚小，他们的语言表达能力比较有限，早教教师要善于结合具体情境并通过观察儿童的言行解读儿童生理方面和心理方面的各种需要，并及时、准确且客观地应对儿童表现出支持、尊重与接受的情感态度和行为。早教教师不应对儿童有偏见，应对儿童的行为做出积极的回应。再次，早教教师在与儿童交往的过程中，可以采用适度的身体语言动作，例如，微笑、点头、注视、肯定性手势、抚摸及轻拍脑袋或肩膀等，以表示早教教师对儿童的关心、接纳、爱护等行为与态度。

第二，以平等、尊重与接纳的态度对待儿童。

每一个儿童都是独立的个体，每个儿童都有自己与众不同之处，早教教师要爱护每一位儿童，并在儿童早期保教过程中做到平等、尊重与接纳。早教教师在与儿童进行互动过程中，不能因为儿童的生理特征、性格和家庭背景等原因区别对待儿童，要让每位儿童都体会到早教教师的关心、理解与宽容。例如，在游戏中给予每个儿童平等的游戏机会，及时且温情地回应儿童的诉求，接纳儿童的错误。早教教师应调节自己的情绪情感，避免带着负面和消极的情绪与儿童进行互动；应该始终以积极乐观的态度与儿童交流互动，在面对儿童时始终保持微笑。

第三，早教教师积极参与儿童的活动并关注儿童成长的需要。

早教教师不仅是儿童学习与成长的旁观者，更应该成为儿童的玩伴与朋友，积极地参与儿童的游戏活动。这样可以更好地拉近早教教师与儿童之间的空间距离与心理距离。同时，早教教师还可以通过参与儿童活动，更加透彻地了解儿童的学习、生活及发展的优势与劣势及其原因，基于此制订出有针对性的儿童早期保教活动方案以促进儿童的健康成长。

第四，适当地满足儿童的合理需求。

早教教师与儿童之间的互动是一个双主体的过程，而不是完全由早教教师或儿童主导和管理的过程。自由是儿童的天性，早教教师不能使用任何方法及手段对其进行限制或剥夺。但早教教师和儿童要意识到自由不是想做什么就做什么，而是在一定规范体系中有节制的自由。早教教师也不能一味无条件地满足儿童的任何要求，或放任儿童不良行为习惯和脾气的助长。当儿童出现哭闹行为的时候，早教教师需要根据经验判断他们的需求是否合理，而后再采取相应的措施。对于儿童的合理需求，早教教师应当及时且恰当地予以满足。例如，儿童因为饥饿、口渴、尿裤子或缺乏安全感等情况而哭闹，早教教师需要立马判断并帮助他们解决。但是，如果儿童的需要属于不合理的需求，早教教师采取适当的冷却或不理睬的言行更为恰当。例如，有的儿童会通过哭闹等方式获取某些物品或某种特权，早教教师务必要通过认真观察进而客观地判断其要求是否合理，不能马上满足他们的需求，而是要先注意安抚儿童的消极情绪，之后再给予其适当的满足。

3.为儿童之间的交往创造环境与条件

第一，早教教师创设适宜儿童同伴交往的条件。

创设儿童同伴交往的环境是指早教机构中无论是物质环境的创设还是精神环境的创设都应有利于儿童与成人及同伴交往。比如，活动室玩具、桌椅板凳的摆放，装饰品的布置，早教教师对儿童活动任务的设置等都应考虑同伴间的交流。如在活动室中使用圆桌并让儿童围坐在桌前进行讨论、思考与玩耍。教师也可以设计一些开放性的需要儿童一起合作完成的探索任务以促进儿童之间进行分工、讨论、合作和探索。适宜婴幼儿同伴交往的条件还包括儿童与同伴自由玩耍及探索的室内和室外的活动及游戏空间，以及充足的活动与游戏的时间。

第二，教师引导儿童进行交往，增强儿童的人际交往能力。

儿童在交往过程中难免会遇到一些问题，教师在创设儿童交往的条件时，首先可以与儿童说明交往过程中的原则，如真诚以待、互惠互利、公平、大度宽容等，采用简洁易懂的方法让儿童了解原则。在交往的过程中，早教教师需要引导儿童向同伴表达自己的思想和感情，进而了解别人也有自己的思想和情感，从而产生帮助、合作和同情等亲社会行为。可以让儿童在交往中用自己的语言表达所想所思，这样也有利于早教教师进一步了解儿童之间的交友情况。在交往的过程中，儿童之间难免会发生各种冲突和矛盾。例如，儿童与同伴相处或玩耍的过程中发生相互抵制或对抗的现象，具体表现是儿童在语言、行为或情绪等方面的对立。早教教师应该认识到同伴冲突伴随着儿童成长，一方面可以促进儿童认知能力、道德和社会性发展，另一方面可能也会给儿童的身体与心理造成伤害。因此，在儿童发生冲突时，早教教师应尽量避免直接干预，可以先进行观察，如果儿童可以自己解决冲突，就让其自行解决，早教教师不宜过早、过多地干预。当儿童之间的冲突不断升级或者有儿童向教师求助时，早教教师应该在了解事情原委的基础上及时介入并且公平地处理冲突事件，以免让儿童产生心理失衡等问题。

4.增强早教工作者的职业幸福感

早教教师的职业幸福感在一定程度上决定了师幼互动的质量。早教教师的职业幸福感与他们的工资待遇、培训机会和上升空间等挂钩。虽然，早教机构市场人才需求量大；但是，现在早教机构在人力资源的投入方面仍然存在过度用才、过度耗才，以及相对忽视育才、助才的不平衡等方面的问题。早教任务繁重，且压力和风险过大，这些原因导致早教教师无法全身心投入早教服务活动中，而且，可能还会导致早教教师职业幸福感降低。早教机构应提高教师待遇，关注早教教师各方面的合理需求，努力促进早教教师专业素养的发展和教师职业幸福感的提高，从而建设一支优秀的早教教师团队。

二、健全早教机构的儿童早期保教管理体制机制

随着生育政策的放开以及保教意识与水平的提高，家长们也认识到儿童早教的重要性。目前大型早教机构多为加盟连锁式管理，早教市场竞争加剧，不单是早教系列产品，儿童早期保教质量方面也需要进一步改进。随着相关政策的出台，早教机构管理者也应紧跟国家政策方针，不断地提升自身的组织与管理能力，以适应新时代关于儿童早期保教机构的要求。

0至3岁儿童早期保教质量的提升都离不开早教机构管理体系的构建。早教管理者可以从智慧托育、早教教师专业化水平的提升，以及儿童早期保教评估体系的建立等方面出发以构建及健全早教机构的管理体制与机制。

（一）智慧托育：儿童早期保教机构的内部管理体制机制

1.智慧托育助力早教机构内部的有效管理

早教机构的管理者要考虑通过信息化应用来实现机构各个部门的综合管理。智慧托育的出现，为有效解决此类问题提供一种借鉴和参考。智慧托育并

不是一种新的社会托育服务模式，而是在传统托育服务模式的基础上，在硬件设备、技术应用、价值理念和参与主体互动等各个方面进行创新与赋能。它是利用新一代信息技术和产品，实现在儿童托育产品、服务、运行和监管等各个环节的有效应用和优化配置，推动传统儿童托育服务智慧化升级，提升儿童托育服务质量和效率水平。也就是指利用各种智慧技术和智能方式，整合托育机构各类服务资源，集中对人、财、事、物进行智慧化管理，拓展托育服务的智慧化应用。例如，可以使用智能设备全面呵护儿童健康成长。通过人工智能、便携式设备、拍摄与监控设备和可穿戴设备等产品应用，完成每日晨检、全日观察、体质监测、膳食配餐和疾病预防等工作。借助信息技术手段开展对儿童的言语、行为、运动、情绪和睡眠等方面的观察、记录和监测，建立儿童的健康成长档案以实现个性化的早期教养指导。

2.早教机构运用智慧管理系统提升早教机构运营管理效率

通过开发智慧保教、智慧营销、健康管理、智慧安防、家园互动、物资管理和统计分析等功能，帮助早教机构实现标准化管理，达到儿童早期保教服务过程可监控、运营指标可量化和服务效果可跟踪的目标。此外，它也能实现精准有效的家园共育。早教机构也可以通过智慧托育构建家园交流及互动的教育平台，向家长定期反馈儿童在早教机构的各项活动中学习与发展方面的表现以及发展情况并及时沟通解决问题方案，分享优质的家庭养育及照护、科学育儿指导和亲子互动资源以实现家园信息互动和合作共育。它还是实现早教机构师资专业素养及保教能力与水平提升的媒介及手段。一方面，可以通过网络系统实现儿童早期保教人员的保教服务管理和质量保障；另一方面，可以搭建智慧教研平台实现常态化的儿童早期保教相关学习和培训，通过早教课程资源共享共建，随时随地开展空中教研和学习交流。

（二）双向互动：早教机构与相关社会组织机构的联动协作机制

首先，从宏观层面上，早教机构的儿童早期保教质量保障应该被纳入各相关部门，如教育部门、卫生部门、民政部门、社区及妇联的工作范畴之中。教育部门要将早教机构的保教质量工作纳入学前教育事业整体规划之中。教育部门应围绕早教机构的保教质量制定针对早教机构的资格审查制度、业务支持与指导制度，以及督导与评估等制度，开展并完善相关工作。卫生部门应负责协助早教机构拟订有关儿童身体保健与心理卫生方面的规章制度，定期为早教机构提供有关儿童及其家长关于科学育儿的指导与咨询服务。民政部门制定扶持普惠性或非营利性早教机构建立的优惠政策，将高质量的保教服务作为民生工程项目的一部分。妇联与社区可向有早教需求的家长推荐高质量早教机构，也可为满足特困家庭、残疾或其他特殊需求的儿童及其家长的早教需求牵线搭桥。

由教育部门牵头，定期组织联席会议并设立儿童早期保教指导中心，统筹卫生部门、民政部门、社区及妇联等相关部门共同参与有关0至3岁儿童早期社会保教工作的开展、落实与整改等方面，逐渐形成上下联动、协调一致、灵活有效的儿童早期保教质量保障体系。一方面，可以聚焦早教机构经常出现的早教课程与教学的设计与实施、早教教师专业发展、早教服务与管理制度等方面的问题，分析、研讨与解决症结。另一方面，可以分享基于理论建构及实践验证的有益且具有一定推广性的早教机构质量保障的经验与建议。

其次，从中观层面上，应该关注早教机构之间，以及早教机构与幼儿园的关联及互动。在制定早教管理制度体系以及儿童早期保教服务质量的保障方面，早教机构管理者应积极主动地与周边地区的其他早教机构建立联系，互相借鉴其成功的早教管理经验，共同研讨在早教管理中遇到的问题及困惑并解决问题。早教机构还应该积极主动与幼儿园联系，为儿童顺利过渡到幼儿园，能够更好地适应幼儿园的生活做好各个方面的准备以及衔接工作。例如，安排即将进入幼儿园的儿童到幼儿园参观，安排他们与已经上幼儿园的小朋友们交流；并在生活自理能力方面加强培养和训练。

最后，从微观层面来看，应该建立早教机构与儿童及其家庭的沟通与协调机制。早教机构的管理者在早教管理工作中也应注重与儿童家长建立良好的互通互联工作。一方面，早教机构的管理者应意识到，儿童早期保教工作不只涉及儿童的早期保教工作，还包括对家长进行儿童早期保教方面的指导工作。早教机构可以根据家长的育儿需求定期举办家长座谈会，分享和交流经验，也可以邀请早教专家向家长传递科学的儿童早期保教理念并为家长解答疑惑；通过家长开放日邀请家长观摩及参与儿童早期保教活动之中；通过与早教教师沟通和交流，对儿童各个方面的发展进行多视角的深入了解。引导家长深度参与儿童早期保教的各项工作，不仅可以保障、巩固及提升儿童早期保教服务质量，还可以提高早教机构育儿的针对性与专业性，加强早教机构在市场中的竞争力。另一方面，早教机构管理者也应建立与家长及时反馈及相互沟通的途径与渠道，倾听家长关于早教机构中早教教师、儿童早期保教活动以及早教课程方面相关的意见和建议。早教管理者邀请家长参与其中并共同商讨，提出解决方案和对策，家长监督解决方案的实施全过程。

（三）保教融合：儿童早期保教教师专业化的提升

1.严格选聘儿童早期保教服务的工作人员

0至3岁儿童与其他年龄段的儿童相比，有其自身独特的生理和心理发展特点，需要儿童早期保教工作者敏锐的观察力，对儿童早教需求的敏感性更侧重于保育活动中抓住教育契机。因此，早教机构在选择以及聘任儿童早期保教工作者时就应该严格把关。首先，保育员、育婴员、0至3岁儿童早教机构的主要负责人等所有儿童早教服务人员都应该持健康证以及相关的职业资格证书上岗，避免无证上岗情况。其次，在招聘时必须考察儿童早期保教工作人员的职业道德与保教理念方面的情况。例如，通过情境测验系列试题考查早期保教工作应聘者是否是具有爱心、耐心、责任心和宽容心等。这是保障儿童早期保教服务人员能够胜任0至3岁儿童早期保教服务的道德底线。再次，鉴别儿童早期保教工作应聘者的专业胜任力也是很有必要的。考查其关于0至3岁儿童与其他年龄段相比，他们的身体及心理发展的特点及规律，以及如何基于此开展和进行教育与引导工作。从事0至3岁儿童保教服务的早教教师在儿童日常保教工作中，一方面要为0至3岁的儿童提供照顾与看护，另一方面，还要负责0至3岁儿童的早期学习与教育引导。因此，早教机构的早教教师需要具备一定的儿童早期保教方面的理论知识以及实践经验。因此，在筛选及聘任早期保教工作者的过程中，早教管理者们应该要关注早教工作者在早教实践中对理论和实践的有机融合。

2.早教工作者参加职前以及入职后的专业培训

为了建设优秀的儿童早期保教服务队伍，早教机构管理者应加强对儿童早期保教服务人员入职前和入职后的专业培训与教育工作。首先，入职前对保育员、早教教师和主要负责人等社会保教服务人员进行专门的职业道德方面培训，并将职业道德教育作为0至3岁儿童保教行业的一门必修课，纳入儿童早期保教工作者的培训课程体系之中。职后培训应注重对儿童早期保教工作者进行职业生涯规划教育，引导他们在制定职业发展规划时将近期目标和长远目标结合，将发展方向和具体方案步骤结合，并使其规划不断科学化、具体化与操作化。其次，要积极引导儿童早期保教服务工作者学习0至3岁儿童保教方面的理论知识。儿童早期保育方面的知识主要包括：营养与保健方面的知识，疾病预防与简单的护理常识，避免意外伤害及相关的急救知识。儿童早期教育方面的知识主要包括：儿童大肌肉运动技能的发展方面的知识，儿童早期阅读方面的知识，儿童情绪情感方面的知识，儿童的个性及社会性方面的知识。还要促进儿童早期保教服务人员之间围绕"保教融合的策略路径"的相互交流，结合儿童早期保教过程中的经验及时交流彼此在保教实践中保教融合的难点及应对方法。儿童早期保教工作人员要在儿童早期保教实践中不断反思并更新其0至3岁儿童"保教融合"方面的实践性知识，及时分享保教融合的成功经验及失败的经验教训。

3.早教教师的早教课程开发与教学变革能力的提升

早教机构的早教课程存在照搬照抄现象严重且本土化程度低的现象。国外儿童早期保教理论及实践措施适用于国外儿童，对于我国儿童是否适用还有待商榷。早教机构的商业性比较严重且儿童早期保教课程的开发能力比较薄弱，一般都是直接照搬照抄国内外的早教理论及系列课程。应加强早教教师的早教课程开发意识，提升他们进行课程开发及教学变革的能力。鼓励早教教师根据自身早教实践经验，并结合当地的传统文化及特色，共同开发适宜不同年龄段儿童的早期保教课程及配套的课程实施资源与玩教具。早教教师在早教课程实施过程中不断总结并探索，总结并提炼出系列行之有效的教学模式，通过学习共同体的方式进行案例分享与交流学习。高等师范院校可以为早教教师的早教课程开发与教学变革能力的提升提供智力支持。早教机构可以设立本土特色早教课程体系开发的支持体系及奖惩机制，以激励早教教师提升早教课程及游戏活动等的自主研发的意识与能力。

（四）儿童早期保教质量的评估体系构建

1.自评自治：早教机构内部保教质量的自我反思机制

儿童保教质量的真正改进源于早教机构内部，而不是来自其外部。早教机构的保教过程是动态的、复杂的，是多种因素（如规模、条件、位置、人力资源和创始人的理念与组织等）共同作用的过程。因此，促进早教机构质量的持续改进源于其内部质量的评估与自治。了解婴幼儿身心发展的共性特征及其个性与差异都是早教机构审视其保教质量的先决条件。高质量儿童早期保教着眼于对儿童全面的了解及尊重他们的观点，将其作为支持其发展、教养和教育的基础。对早教机构质量进行评价、反思及自治的主体是直接或间接参与早教机构保教过程的人员，如早教中心管理者、早教教师、家长、儿童、校长及社区等。早教机构反思其保教质量的范畴包括：早教机构的理念与文化、组织与管理、硬件设施与环境、早教课程和活动、早教教育者的专业素养、与当地相关部门的合作等。早教机构进行儿童早期保教质量评价的流程如下：首先，组建儿童早期保教质量保障团队，负责计划统筹早教机构自主评估、质量监控与改进方案等。其次，通过问卷调查、访谈、观察等多种方法全方位了解早教机构的当前状况。最后，针对早教机构的缺失与薄弱之处进行整治与管理。

2.规范评价：相关部门加强监管与规范

早教机构孤立发展势必有很多问题和弊端，因此各个早教机构可以联合起来，互相监督，共同规范市场秩序。另外，早教机构要积极与其他机构沟通和配合，引导社会各部门参与到自己的教育和管理活动中。建立综合监督体系，实现儿童早期保教服务质量监督信息化。完善的监督体系是保障服务有效落实的重要手段之一。因此，为了积极且有效地开展0至3岁儿童保教服务，需要依托相关主管部门以建立综合性质的监管体系，为0至3岁儿童保教服务行业规范有序地发展保驾护航。

首先，要完善日常的检查机制，早教机构要先对机构内部的"人、材、物"进行检查，及时发现问题并改正；与此同时，早教机构还要接受社区内居民的监督；区托育机构管理部门可以通过视频网络对早教机构进行线上监督；早教机构所在的街道需要联合其他管理部门对0至3岁儿童早教机构各方面进行定期监督与检查。

其次，在建立健全有效的监督体系时，要努力探索，成立"早教服务行业协会"，依靠行业协会，通过行业内部机构、人员的互相监督，成立"行业自律机制"，先进行自我内部审查、监管，逐步提升托育服务行业的水平。同时，也可以引进"第三方"进行监督评估，全方位保障儿童早期保教服务质量。

最后，在监督方式上，可以利用信息化技术手段，在接受0至3岁儿童家长的监督的同时，接受社会各界的全方位监督。在相关网络平台内，应及时更新各个早教机构的具体情况，以方便家长选择早教机构与主管部门的监督。

3.督促引导：第三方介入早教机构保教质量监督与评价机制

所谓"第三方"，是独立于政府与早教机构的专业且权威的机构或组织。第三方介入早教机构儿童保教质量的评估，能够相对客观、科学且专业地评估早教机构的儿童早期保教质量的现状与问题；发掘早教机构保教的优势领域与劣势领域；为其改进提出专业性与建设性的意见与措施。目前，我国高等教育的质量保障正在尝试第三方评估模式。也可从中借鉴运用于早教机构的儿童保教质量的评估与保障中。第三方评估机构主要包括两种类型：完全第三方（民间型评估组织）与不完全第三方（半官方型评估组织）。例如，由早教管理者、专家及早教教师等组成的评审团队属于不完全第三方机构；早期保教质量评估与监测中心或机构属于完全第三方机构。

第六章　社区视角下0至3岁儿童保教质量保障的现实样态及建议

目前，新疆地区0至3岁儿童早期保教质量不能仅依靠为数不多，且保教质量参差不齐的早教机构或早教中心。新疆地区大部分家庭中0至3岁儿童的养育重担依然是由父母、祖辈或亲戚承担的。但是，仅仅依靠家庭承担养育儿童的任务，儿童早期保教质量也难以得到保障。与儿童早期保教相关的各级各类社会组织或社会机构仍然需要参与其中，在政府的统筹与组织协调下，各个相关的专业社会组织及机构充分发挥它们各自的资源与团队的优势，以保障高质量的儿童早期家庭质量以及儿童早期保教社会服务质量。

第一节　社区视角下0至3岁儿童保教质量保障的现实样态

社区是与普通民众接触最频繁的社会组织之一。也有很多学者提出基于社区建立儿童早期保教服务机构能够切实解决3岁以下儿童早期保教的诸多问题。社区应该在0至3岁儿童早期保教质量保障中发挥重要作用。目前，社区在0至3岁儿童早期保教服务质量保障作用方面发挥了一定的作用，但是，离家长期望的社区在3岁以下儿童早教方面发挥的作用还有一段距离。

一、社区保障0至3岁儿童保教质量的主要举措

（一）通过发挥社区的管理职能关注3岁以下儿童的身体健康

社区在儿童早期保教质量方面主要履行其管理方面的职能。例如，社区定期派工作人员入户走访或通过电话联系的方式关注3岁以下儿童社保卡的办理，以及免费疫苗的接种等与儿童身体保健方面相关的服务。例如，针对3岁以下儿童入户就医的问题，社区工作人员会主动联系社区医院医务工作者。但是，社区工作人员尚未向家长提供育儿方面的指导，也未向家长提供高质量的儿童社会服务指导的咨询服务与信息资源共享服务等。

（二）通过上传下达做好有关0至3岁儿童的相关宣传工作

社区的管理与服务既能与地方政府相沟通，又经常与社区的普通民众联系。地方政府出台了最新的有关儿童早期保教的工作，很多社区的工作人员会第一时间通过入户走访、电话或微信等网络媒介的方式传递给居民。有关国家政策允许一对夫妇生育两个孩子的政策以及一对夫妇可以生育三个孩子政策的推行等工作，社区工作人员都及时上传下达，并积极组织居民学习并领悟国家和党关于"幼有所育"的方针政策。同时，也会收集3岁以下儿童的家长关于儿童早期保教的问题及困惑，并及时向所管辖的上级相关部门反映。

二、社区保障0至3岁儿童保教质量的问题及原因分析

（一）忽视向家长提供3岁以下儿童早期保教咨询服务职能的发挥

虽然社区工作人员会收集3岁以下儿童有关早期保教服务的问题及困难，但是，他们向这些家长反馈及回复得较少。部分家长会主动向社区工作人员询问如何获得优质的儿童早期保教服务资源或是否能够提供家庭育儿服务方面的专业咨询或沙龙讲座等。但是，社区工作人员都表示这不属于其职责范围之内的事情，或是很礼貌地予以回绝。其中的原因之一是社区工作人员表示政府并未明确规定将3岁以下儿童早期保教服务咨询的事宜纳入其工作范围；原因之二是

社区与儿童早期保教的社会组织、早教机构以及高等师范类院校并没有直接的业务往来和联络的路径，因此无法为家长提供有关儿童早期保教的咨询服务。

（二）社区关于家庭养育中的家长科学育儿的支持性措施较少

虽然，服务所管辖社区的居民是社区工作人员的宗旨；但是，提供教育及文化服务是社区诸多服务体系的一部分。而且，就目前来看，社区服务的群体范围比较广泛，主要是面向所管辖社区的老年人、儿童、残疾人、社会贫困户和优抚人员等，无暇顾及儿童早期保教质量方面的内容。

0至3岁儿童早期保教还是以家庭育儿模式为主，尤其是在新冠肺炎疫情期间，科学育儿的责任和重担主要落在家长身上。家长最希望从社区方面获得的是科学育儿资源方面的支持和帮助。家长需要关于0至3岁儿童肌肉力量、动作的协调性、身体平衡等方面能力的训练，让宝宝们在动脑、动手的过程中提升综合素质。社区在提供有针对性及支持性的资源及建议，以及推广国家关于二孩及三孩方面的福利待遇及优惠政策等方面都扮演着不可或缺的重要他人角色和不可替代的重要地位。

但是，社区却很少将"0至3岁儿童的学习与发展的支持"列入其服务的范围。社区的干部很少主动积极地开展有关科学育儿方面的需求及困难的调查工作，也较少牵头主动联系儿童保健医师、高校早期保教工作人员。社区也未能筹备专门的育儿工作坊及招募育儿志愿者为家长科学育儿解难答疑。

第二节　社区层面保障0至3岁儿童保教质量的建议及策略

一、社区承担儿童早期保教服务质量保障的主体责任

（一）引导社区居民关注儿童早期保教

社区成员包括社区居民和各类社会组织，他们之间存在儿童早期保教公共利益。社区工作人员要善于发掘这些公共利益，它们是我们开展社区工作的纽带。0至3岁儿童早期保教的指导与服务就是社区居民关注的热点问题，这也关涉到社区居民的共同利益。首先，通过宣传动员、专题培训和外出考察学习等多种形式，提高广大社区工作人员以及社区居民关于儿童早期保教的认识与理解，提高他们关于儿童早期保教的重视程度。社区工作人员通过实地调研，了解社区居民对0至3岁儿童早期保教遇到的实际困难以及需求，制订符合本社区特色的儿童早教服务方案。其次，通过打造注重传统文化及优良美德的传承，建立人文关怀、守望相助的邻里关系，提高他们对社会生活的参与意识和参与能力，营造居民共同关心并积极参与儿童早期保教的氛围；为社区儿童早期保教发展营造良好的社会支持环境，从而改善居委会和社区服务中心工作开展被动局面，促进社区居民和相关组织积极主动参与社区儿童早期保教服务工作。再次，面向社区家庭开展科学育儿知识的普及工作，改变家长的儿童教养观念，大幅度提高家长的科学育儿能力。也要根据家长的不同工作性质，创新宣传的形式，调整讲座的时间和讲座内容，同时利用好线上互联网资源，及时将讲座交流成果推广出去以扩大宣传力度，从而推动科学早教成为社会共识。

（二）组建关于儿童早期保教的宣传与服务的志愿者队伍

社区居民较多，只依靠社区工作人员参与远远不够；且早教机构一般收费昂贵且离居民居住的地方较远，不能够契合家长多样化及个性化的育儿需求。因此，在开展社区儿童早期保教工作中，志愿者队伍的作用是不可忽视的。

　　社区工作者也可以通过联系社会公益组织、国家企事业单位或民办企业单位寻求资助，招募在儿童早期保教方面具有服务意向且具备儿童早期保教相关经验的志愿者深入开展"关爱婴幼儿快乐成长"等系列志愿服务活动。社区有关部门可以吸纳由儿童早期保教教师、学前教育专业大学生、有经验的育婴师、婴幼儿的家长（妈妈或儿童的主要教养人），以及热爱儿童早期保教工作的人士等，组成志愿者队伍进入社区开展儿童早期保教工作的宣传，并指导家长科学有效地开展婴幼儿早期保教工作，以及组织一些亲子互动活动等相关的公益活动。

　　在志愿者开展服务工作前，还需要对儿童早期保教的志愿者们进行专业培训；社区还需要派专门的工作人员负责统筹并做好儿童早期保教服务及相关活动的总体规划与设计，并针对儿童早期保教服务志愿者提供的志愿服务质量进行追踪及回访工作。

（三）为家长提供儿童早期保教交流的机会与场地

　　家长评价早教机构的标准之一是早教机构有无儿童活动的场所及空间，并且场所的设计要符合儿童身心发展的特点，能够有助于儿童身心全面且富有个性地发展。在保障儿童安全的前提下，儿童能够融入大自然之中，注重朴实的、自然的以及真实的生活场景的创设。社区不仅要给儿童的活动提供场所，也要给家长提供儿童早期保教经验分享与交流的机会与场地。在儿童早期保教过程中，家长之间的交流已经成为获取儿童早期保教知识方法的主要来源之一，并且家长们也乐于参加育儿经验与分享的交流式学习活动。因此，社区工作人员可以为家长搭建交流与沟通的平台。一方面，社区可以收集家长在育儿过程中遇到的主要问题以及个性化需要，为其提供专业支持做准备。另一方面，也可以对社区家长在育儿过程中宝贵的育儿经验及优秀的典型案例进行汇总，在社区进行宣传以提高社区居民家庭养育的水平。

（四）儿童早期保教的信息服务平台大建设

　　现代科技的进步给各行各业带来了革新，加之社区居民人数众多，互联网可以减轻社区工作人员的任务量；社区可以搭建互联网信息服务平台，借助互联网广泛收集社区内0至3岁儿童的基本情况。这些儿童早期保教数据需要多方配合提供，如家庭、社区、医院、早教机构和妇联等。同时，家庭能否积极配合参与也需要社区通过正规渠道向其宣讲社区关于儿童早教社会公共服务的途径、方式和方法，让家长能够主动参与。

第一，指派专人负责社区0至3岁儿童大数据平台。

随着信息技术的飞速发展，尤其是新冠肺炎疫情的突发，更加彰显出互联网在儿童早期保教中的巨大作用。为了能够高效且快捷地做好社区0至3岁儿童早期保教服务工作，社区工作人员可以利用互联网做好相关数据的收集，及时把握社区内0至3岁儿童的基本动态并提供相应的服务。社区工作人员可以与社区医院进行沟通、收集，便于在掌握儿童身体健康数据的基础上提供儿童早期保教跟踪服务。建立社区微信公众号等信息服务平台，及时向广大居民宣传社区儿童早期保教的信息，并指派专人负责此项工作。这些负责数据库建设和管理的专业人员有以下方面的工作：其一，定期维护及更新儿童早期保教服务的相关政策、法规以及相关的优惠政策等信息；其二，可以定时推送儿童保教常识、亲子活动资讯、公益活动等相关资讯及信息；其三，当家长遇到问题时，可以通过此类平台进行在线咨询，工作人员负责转接至专业人员进行回复。

第二，儿童早期保教平台的信息服务内容。

建设好信息服务平台之后，应该根据家长的育儿需要将之划分为几个模块。

模块一，可以提供儿童早期不同发展阶段的相关理论知识与实践技能，主要采取文字与视频相结合的方式。模块二，有关周边早教机构或能够提供儿童早期保教服务幼儿园的相关信息及其儿童保教服务质量评定结果。例如，提供某早教机构的儿童早期保教服务类型及主要服务模式（全日制、半日制或课程模块），儿童早期保教机构的特色与优势等信息，以及教育部门、家长或第三方机构关于某早教机构提供的儿童早期保教服务的满意度及整体评价。这些信息有助于为家长选择适宜的早教机构提供参考和借鉴，也是社区信息服务的主要内容。模块三，有关家庭儿童日常护理的相关内容。儿童年龄小，他们的抵抗力差，因此社区的信息服务平台要告知家长，儿童几个月大的时候打什么疫苗最好，及时地发挥好信息提供及督促的优势，利用大数据向家长推送疫苗的信息。模块四，有关儿童早期保教的实践经验分享以及咨询互动板块，可以满足不同家长的个性化育儿服务需求。除了邀请专业人员，还可以邀请有丰富育儿经验的家长参与其中。

第三，为儿童早期保教平台建设投入配套资金。

国家的教育资金不可能照顾到方方面面，在资金有限的情况下，社区也可以发动本社区居民的社会团体、各类企业和基金会等社会公益力量给予支持及赞助。同时，也可以鼓励居家养育儿童的母亲或其他家长参与到志愿者服务中，对其进行免费的育儿培训后开展志愿者服务，让更多家庭受益，也能在一定程度上减少早教相关费用的支出。

第四，为儿童早期保教平台建设配备相关人员。

0至3岁儿童所在的社区需要组建以"社区工作者+育儿专家+志愿者"为主的专家指导团队提供儿童早期保教服务。这一工作需要有专职负责学前教育的人员来进行统筹管理；专家提供各类优质早教信息与资源，并邀请相关专家来进行早期保教的指导。志愿者可由高校早教专业学生或有意愿的居民构成，并由社区对其进行相关专业技能方面的培训。

二、社区向政府寻求帮助与支持

（一）政策支持

儿童早期保教相关法律法规以及政策是儿童早期保教质量保障顶层设计的重要因素。社区0至3岁儿童早期保教公共服务体系构建的关键因素之一是我国关于社区职能的规定。当前，学前教育受到党和国家的重视及社会各界的普遍关注，学前教育的立法工作面临着良好的发展契机。国家相关部门应在0至3岁儿童早期保教工作法治化的趋势之下，顺势颁布及完善社区儿童早教服务的相关政策与法规；明确社区0至3岁儿童早期保教公共服务体系中的责任与角色，细化各级政府机构部门和社区公民的责任与义务，规范社区早教机构的建立与经营，并严格设置准入门槛。也要进一步加强政府、地方以及社区的三级管理与监督机制。首先，通过政策方式明确社区在儿童早期保教中的主体责任及角色；其次，明确社区在儿童早期保教中的服务范围，实施儿童早期保教的主要途径与策略；最后，建立基于社区的儿童早期保教质量的保障与支持体系，以及监督体制与机制。

（二）儿童早期保教经费方面的支持

社区儿童早期保教公共服务体系的建立需要充足的经费保障。一方面，政府应当加大对社区儿童早期保教公共服务事业的经费投入。虽然，政府已经将教育经费倾向学前教育，但是，大多是针对幼儿园的拨款。0至3岁也属于学前教育的范围，而且是儿童发展的奠基阶段，所以应该向社区0至3岁儿童早期保教服务专项拨款并设立相应的财政支持及核算系统。另一方面，政府应当鼓励社区拓展多元化的资金支持渠道。社区0至3岁儿童早期保教公共服务体系具有广泛性、公益性和合作性等特点，这决定了社区儿童早期保教活动的开展有必要获得社会各级各类企业、团体以及个人的关注和支持，特别是来自社会渠道的资金支持。政府投入的资金毕竟是有限的，社会的资助渠道则是多元化的；可以向本地区企业及社会慈善群体开展募捐活动，鼓励他们为社区早期保教公共服务体系的构建添砖加瓦，建立起以国家财政拨款为主，社会捐助为辅的社区0至3岁儿童早期教育的财政体系。

（三）人力资源方面的支持

相比于社区居民，社区工作人员数量极少，而且，每位社区工作人员至少要负责三项工作，事务繁杂。虽然为人民服务是社区工作的宗旨，但人手的短缺，加之儿童早期保教方面的知识与能力等素养的缺乏，无疑加重了社区工作开展儿童早期保教工作的难度。因此，有必要在社区安排具有一定儿童早期保教工作理论知识与实践经验的专业人员。这不仅可以缓解社区工作者在儿童早期保教方面的服务压力，也是保障社区方面儿童早期保教服务质量的主要举措之一。要发展社区0至3岁早期保教的工作，政府也要出台相关文件，明确社区工作人员招聘要求中提供管理儿童早期保教的职位及学历与专业的限制；也需要向社区增添儿童早期保教工作人员以从事专业的活动，对0至3岁的儿童在健康医疗、身心发展和接受高质量儿童早期保教等提供服务、咨询及管理等工作。

（四）早教课程参考书籍方面的支持

社会上现存的早教机构使用的教材没有统一的规范，都是为了迎合家长，使用一些国外的教材。应组织专业机构及部门立足于促进儿童身心发展视角开发及研制用于儿童早期保教实践的相关教材与书籍，为社区的科学育儿提供参考的蓝本。可以由教育部门组织儿童早期保教专家编写教材，免费分发给有0至3岁儿童的家庭，每册配有亲子活动方案且明确每项早教活动的目的、持续时间以及活动的方式。社区或者当地的教育部门配备专人定期对所在社区的相应家庭进行访问，协助家长科学选择及使用教材，以提高家长的家庭育儿与保教能力，进而保障儿童身心全面且富有个性化的发展。

三、在儿童社会保教方面社区与早教机构的合作

（一）早教机构与社区密切联系

0至3岁儿童早期保教属于学前教育的范畴，早教机构及部分幼儿园都提供儿童早期保教服务。且这些儿童社会保教机构都有专业的早教教师以及儿童早期保教的实践经验。因此，社区要向幼儿园以及早教机构等寻求合作与帮助。

在儿童早期社会保教方面，社区与早教机构可以在以下两方面开展合作。一方面，需要早教机构或幼儿园做出调整及改变。幼儿园或早教机构要做以下两点调整及改变：一是，早教机构或幼儿园要拓展服务对象的年龄范围。幼儿园设置托儿班，主要招收1岁左右至3岁的儿童。目前，大部分早教机构仍只招收1.5岁及以上的儿童；可以考虑将更年幼的儿童纳入其服务的范围。二是，早教机构或幼儿园需要拓宽其提供的儿童早期保教服务的方式与内容。例如，可采取"入户指导"以及"亲子活动"等多元化形式，为社区中的家长解决育儿过程中遇到的困难。也可以根据不同社区的特点，开发出具有社区地域特色与文化传统的社区儿童早期保教服务项目。早教机构或幼儿园承担指导家长育儿方面的社会职责。社区人员应及时了解社区家长的育儿需求，并与有经验的早教教师约定时间，邀请他们共同参与座谈和咨询，并为社区的家长提供有针对性的解决方案，让社区内的每个儿童都能享受平等且优质的儿童早期保教服务。另外，社区也需要为早教机构或幼儿园开展与早期保教相关的活动积极支持与配合。例如，早教机构或幼儿园开展亲子活动或其他的早教活动，需要场地或是向所管辖社区宣传的时候，社区工作人员应该积极配合。

（二）社区充分利用示范幼儿园的优质资源

示范性幼儿园或早教机构在教育理念、教育内容和教育方法等方面都符合国家教育方针政策，合乎保教规律，能够为本地区其他幼儿园提供引领和示范作用。我国强调学校、家庭、社区等社会机构共同构成协同育人的共同体，充分保障0至3岁婴幼儿保教资源的优质均衡以提升婴幼儿早期保教整体质量。因而，要改变0至3岁儿童早期保教的状态，需要社区与示范幼儿园或早教机构进行合作。以示范园和示范早教机构为引领，结合所在社区需求，开展各种形式的早期教育服务工作，并逐渐将优势和经验辐射到其他园所，促进区域儿童早期保教质量的整体发展。寻求满足社区不同家长不同层次的教养需求的早期教育指导模式，开展适合本社区特色的早期教育指导工作。此外，可以探索开办具有普惠性质的小时制托管的亲子班或半日制托管的亲子班等。构建0至3岁儿童的保育及教育一体化的新格局，实现优质保教资源的共享。一方面，可共享幼儿园或早教机构的环境场地及部分玩教具用于开展亲子活动；另一方面，可共享幼儿园或早教机构的人力资源。例如，请有经验的早教教师进社区推广各类适宜儿童发展的游戏活动和早期阅读活动和早期音乐活动等。

四、在专业的早期保教方面加强社区与高校合作

（一）技术方面的支持

社区可以与当地开设有学前教育专业或是开设有早教专业的师范类高校或职业院校合作；这些学校拥有儿童早期保教的专业知识以及先进的保教理论，可以在技术层面指导社区开展0至3岁儿童早期保教活动。并且，高等师范类学校具有开展社区早期保教的丰富人力资源。这些人力资源主要包括：专业性强的早教教师培养的教师教育者团队、学前教育或早教专业的本科生和硕士研究生，以及可以作为儿童早期保教研究的实验和实训基地等。社区通过与高等师范类院校进行深度合作，并充分利用师范类高校各类资源，可以为社区的儿童早期保教工作提供符合社区特点的儿童早期保教内容及制订儿童早期保教计划以及培养方案。社区中负责儿童早期保教的工作人员还可以与高校教师教育者共同学习及研究儿童早期保教服务的行之有效的实践模式。师范院校早教专业的教师教育者与学生共同参与社区儿童早期保教实践工作，这为高校的教师教育者与职前教师提供了将儿童早期保教方面的理论知识与教育实践有机整合的机会和平台，同时也为职前教师的教育见习与教育实习提供了场所。

（二）早教师资队伍培训

0至3岁儿童早期保教属于学前教育体系的一部分。0至3岁儿童身心发展的任务有别于其他阶段儿童，其所需要的教育形式和内容也不同于其他年龄段的儿童。从事0至3岁早期保教职业需要专业的从业人员，并不只是会哄孩子的

保姆。但是，就目前的现状来看，我国从事0至3岁早期保教的专业人员缺口很大。因此，为了缓解早教人员不足及其专业性不高等问题，应加强该年龄阶段的师资队伍建设。要建设一支高素质专业化的早教师资队伍，社区需要在以下两方面与高校教师进行合作。

一是，依托高校的学前教育、早期教育以及儿童医学等相关专业，研究及探索0至3岁儿童身心发展的特点以及具体可行的教育模式，以确定新时代早期教育专业人员需要具备的核心素养与关键能力。通过增加早教专业并独立设置早教课程及配合有关儿童保教的实训，或是在原有的学前教育专业基础之上增设婴儿心理学、婴幼儿游戏活动设计与指导、婴儿家庭育儿指导等系列课程，以及增加在早教机构的教育见习与教育实习等实践环节，以此培养专业化的0至3岁儿童早期保教师资队伍。二是，为社区在职早教师资的继续教育提供支持和保障。高校要像针对中小学师资培训的校培、省培、国培等形式一样，构建儿童早期保教服务在职工作者的培训体系。该培训体系包括儿童身体与心理发展等方面的理论知识模块、观摩学习儿童早期保教技能等方面的教育实践模块、评价与反思儿童早期保教活动的模块等。

（三）早教讲座

社区通过请高校的早教方面的专家及经验丰富的早教教师等定期做讲座，内容主要包括：

一是，为家长提供科学的早期保教观念，指导家长使用科学的早期保教方式。由于家长的育儿观念不科学以及陈旧，家长在育儿实践过程中保教方法使用不恰当，导致儿童发展中各种问题的出现。实践证明，儿童的早期保教服务质量得以保障，首先需要提高家长的科学育儿意识以改进他们的育儿理念。因此，社区应组织高校教育专家面向广大家长开设讲座。二是，要与家长沟通交流以了解家长在实际育儿过程中遇到的观念层面的困惑以及育儿方法论层面的难题；重新从理论视角进行审视及分析原因，并基于此提出应对的策略与路径。

（四）精准的儿童早期保教服务

关注良好亲子关系的建立并指导家长提高亲子互动质量是精准儿童早期保教服务中的重要组成部分。0 至 3 岁是个体生长与发育，身心发展最迅速的时期，亲子关系成为影响儿童成长的关键因素。根据埃里克森人格发展理论，0 至 3 岁的儿童最需要的是亲密关系的建立。因此，高校专家在讲座过程中要关注家庭中的亲子关系建立的关键期和可以提供适宜的刺激及教育，揭示该阶段存在的实际问题以及解决的方法，并指导家长提高亲子交往质量以保障儿童身心的健康发展。

高校关于儿童的身心发展阶段理论研究较为成熟，知道儿童的感知觉、认知、情绪情感以及社会性等方面发展的敏感期，在给社区的家长提供儿童早期保教服务时能够根据儿童身心发展规律，提供分层分段更加精准的服务。照料从出生至 1 岁的儿童侧重于科学饮食及合理膳食搭配。由于儿童月龄较小，外出参加社区活动的机会相对较少，因此，社区应提供定期的上门服务，如请专家指导团队中的志愿者上门告知家庭相关的养育常识和注意事项。1 至 2 岁的儿童逐步掌握了生活技能，如走路、说话等。此时的家长需要更多的养育技巧，如把握儿童各项能力发展的关键期，并提供适宜的刺激与教育等。为此，社区可邀请或者要求家庭积极参与社区组织的相关活动。2 至 3 岁的儿童掌握了基本的生活能力，他们的自我意识也开始发展了；大多数家长发现孩子出现了"叛逆"现象。面对这些情况，部分家长会产生焦虑及紧张的情绪。为此，社区可以邀请高校的专业教师利用周末开展亲子活动，让家长学会如何与婴幼儿游戏、互动及相处等。

（五）关注社区与医院的配合

众所周知，0 至 3 岁儿童的身体发育迅速，智力高速发展；但是，他们抵抗力较弱，容易感染各种疾病。因此，社区要加强对 0 至 3 岁儿童的身体健康管理以提高儿童的健康水平。首先，社区要通过各种方式或渠道为本社区内的0至3岁儿童的身体健康保驾护航。例如，通过电话访问及上门随访等多种方式及时建立儿童健康卡，并将0至3岁儿童身体健康状况录入相关系统并试行追踪管理。其次，社区或社区医院要为0至3岁儿童提供免费的身体健康检查，第一年可以检查四次，每三个月一次；第二、第三年可以一年检查两次。社区与医院配合努力做到预防为主，防治结合，早发现早治疗，切实提升儿童的身体健康水平。再次，要对儿童的身体生长发育进行科学的检查、评估以及持续的追踪；主要是对儿童生长发育中的常见病进行筛查，并对检查中发现问题的儿童尽早提出干预及治疗方案。对于高危儿童以及体弱多病的儿童要建立社区专项跟踪及治疗方案；社区工作人员与医务工作人员要定期提醒家长配合治疗，关于家长对儿童的日常护理进行指导并积极配合进行治疗。社区还要加强对儿童预防接种以及常见疾病的管理与控制，准时地将接种方案告知家长，对儿童的视力、听力等进行及时筛查。最后，社区工作人员与医务工作人员配合，共同指导家庭采用适宜的喂养知识及应对儿童紧急状况的处理办法，可以利用短视频、板报、图片等进行科学育儿知识的讲解。

总之，社区是一个环境复杂且人口众多的社会组织。只依靠社区工作人员开展0至3岁儿童的早期教养工作是行不通的。社区工作人员不仅要积极发挥自身的主观能动性与积极性，寻找符合自身社区的特点，建设具有社区特色的0至3岁儿童早教服务体系，还要积极向国家、地方政府、高校、幼儿园以及其他社会机构等寻求帮助与合作。

第七章 多元共治的0至3岁儿童保教质量保障机制建构

第一节 核心利益相关者关于儿童早期保教的共同利益诉求

构建基于利益相关者需求的0至3岁儿童保教质量保障机制需要遵循以下两个原则。其一，寻找各个核心利益相关者的共同利益诉求。其二，适当地满足各个核心利益相关者最迫切的利益诉求。他们关于儿童早期保教的共同利益诉求如下。

一、政策层面关注0至3岁儿童早期保教质量的支持及监测

0至3岁儿童早期保教的核心利益相关者的共同利益诉求之一是从政策与制度层面规范及保障0至3岁儿童早期保质量保教的各个利益相关者的职责范围；关于保障0至3岁儿童身心健康发展的核心利益相关者的政策与制度方面的支持；关于0至3岁儿童早期保教质量的监控、评估及持续改进工作等。

家长期望通过政策与制度规范儿童早期保教质量解决参差不齐及早教教师资质不合格等情况，满足不同类型家庭多样化的0至3岁儿童的保教需求。早教机构管理者希望在政策方面给予其在人力资本、结构资本及关系资本的支持和帮助，以及早期保教管理能力提升的制度支持。早教教师希望能够获得稳定的薪酬与社会福利待遇，获得较高的社会地位与被公众认可的专业地位，这些都

需要相关政策的出台做支撑。师范类高等院校希望在制度层面规范早教教师的培养，提供相应的专业标准及认证体系，并为其与早教机构等就业单位的相互合作提供政策支持。社区工作人员、医院及社会福利机构等都希望通过政策与制度等明确规定其在0至3岁儿童早期保教质量中的角色，主要工作职责与范围等。

二、儿童早期保教实践层面各个利益相关者权责的落实及相互配合

早教机构管理者、早教教师、家长和社区工作者等都是0至3岁儿童保教活动的直接参与者与主要利益相关者。在0至3岁儿童早期保教过程中，儿童出现了身体疾病及心理问题等方面的问题时，各核心利益相关者希望彼此能够相互配合协商，形成0至3岁儿童早期保教质量保障的支持及监督共同体。

在儿童早期保教实践过程中，这些核心利益相关者不仅有各自的利益诉求，也有共同的利益诉求。共同的利益诉求是在儿童早期保教实践活动中0至3岁儿童能够获得全面且富有个性的发展，这与儿童早期保教过程质量保障机制相关。早教机构管理者希望通过高质量的儿童早期保教活动及家长育儿指导活动提高早教机构的经济效益、社会知名度及社会影响力。早教教师希望通过组织高质量的儿童早期保教活动，彰显及提升其专业素养并得到管理者及家长的认可，以获得较高的社会及专业地位与丰厚的薪酬待遇。家长则希望通过家长辅导及儿童参与早教机构的高质量保教活动中，让孩子身体康健，并获得全面且富有个性的发展。社区工作者希望能够立足于社区并团结其他力量，共同为家长及儿童提供高质量的儿童早期保教服务。

三、0至3岁儿童早期保教质量的定期监管、测评与改进

除了需要政策与制度层面的规范，以及早教实践中各利益相关者之间的协商与合作，0至3岁儿童早期保教质量的保障还需要各利益相关者共同参与监督

与管理；专业机构对0至3岁儿童保教质量的专业测评、问题诊断、原因分析及改进建议的提出与推行也十分关键。

0至3岁儿童早期保教质量的定期测评结果有助于政府相关部门对其已经投入经费的收益情况有一定程度的了解，也为其将来经费的投入领域及资金额度做参考。通过分析0至3岁儿童早期保教的结果和原因，反思政策或制度的空白之处或需要调整之处，最大限度地实现其应取得的预期的社会效益、政治效益与经济效益等。

0至3岁儿童早期保教质量的定期监管、测评与改进也有助于早教机构管理者反思其早期保教工作开展的优势、劣势及未来的可提升空间。其中，早教机构管理者希望以儿童学习与发展的结果为参照，调整其在早教机构智力资本方面的管理策略；早教教师专业师资的配备及专业素养的提升路径等。而0至3岁儿童早期保教质量中使用的测评工具也可作为其自评早教机构儿童早期保教质量的主要工具。

衡量早教教师的专业素养提升的外显指标之一是0至3岁儿童身体、认知、社会性、情绪情感等学习与发展领域中能达到的发展水平。根据测评结果，改进与儿童、家长及其他重要他人的互动方式与策略，有意识且有针对性地参与专业发展的教育及培训活动。0至3岁儿童的家长也会将儿童学习与发展的结果作为衡量早教机构提供的保教服务质量的重要指标。通过专业机构对儿童早期社会公育层面保教质量的监管、持续追踪与改进等，满足家长关于0至3岁儿童获得身心全面发展的利益诉求。

总之，上述各核心利益相关者基于多元共治模式，提出关于0至3岁儿童保教质量的共同利益诉求，即核心利益相关者间的联动与协调必不可少。为保障0至3岁儿童保教质量，应构建0至3岁儿童保教质量保障质量预警机制。0至3岁儿童保教质量保障的提升机制聚焦于儿童早教社会公共服务质量的持续提升。0至3岁儿童保教质量保障的监督机制主要针对0至3岁儿童保教质量保障过程中失范行为的监管、督促及整改。

第二节　0至3岁儿童保教结构质量保障的预警机制

0至3岁儿童保教结构质量保障预警机制是，政府决策者基于危机管理及风险意识，多方参与数据收集并通过科学方法对0至3岁儿童保教质量中可能出现的风险及问题进行预期估计与推理，为规避及防范影响0至3岁儿童身心健康的情况发出警示，以保障儿童早期保教最低水平质量。0至3岁儿童早期保教结构质量的预警机制侧重于"防"与"守"。"防"即是对家庭养育及社会公共保教服务中可能出现的各类风险的识别、评估及预防；"守"则侧重于守住家庭养育及社会公共保教服务在结构质量中的底线。

儿童早期保教质量预警管理方法体系的构建流程主要包括：明确警义；寻找警源；分析警兆并预报警度；排除警情[124]。

构建0至3岁儿童保教质量保障预警机制的流程如下：

首先，明确监督、预测及预警0至3岁儿童保教质量的对象。监督、预测及预警0至3岁儿童保教质量保障对象包括三大类十一项指标。0至3岁儿童早期保教结构质量保障预警指标主要包括：经费的总投入比例、人均资金投入率、早教机构硬件设施抽检合格率、儿童与保教人员比例、符合儿童早期保教人员资格认证比例等。0至3岁儿童早期保教过程质量保障预警指标主要包括：早教机构的早教工作人员与儿童社交、情感、身体等方面互动的频率与质量；儿童与早教机构环境及材料互动的频率与质量；同伴间互动、儿童与保教人员互动，以及儿童与父母互动的频率与质量。0至3岁儿童早期保教结果质量保障预警指标主要包括：0至3岁儿童身体发展结果和心理发展结果的达标率。

其次，把握0至3岁儿童早期保教质量保障过程中的风险并分析其警源。

按照风险承担的主体及警源，可将儿童早教保教质量保障划分为三个层次：国家与社会层面的风险及警源、早教机构层面的风险及警源，以及家庭层面的风险及警源。国家与社会层面的风险如下：兼顾经济发展水平及核心利益相关者的共同且重要的利益诉求，制定0至3岁儿童早期保教发展规划中政府决策的风险；处理儿童早期保教效益与效率关系的政府投资风险；普惠性儿童早期保教资源的缺失与优质早教资源分配不均衡导致社会不公平的风险。该层面的警源为：社会转型时期，政府部门教育管理机制不完善，城乡经济及区域经济发展失衡，各利益相关者利益诉求错综复杂等。早教机构层面的风险如下：早教机构内涵式发展欠缺持续的内部动力与外部支持；早教机构管理者的管理专业化水平不高导致违背儿童早期保教规律的现象；早教教师专业资格规定不明确导致儿童早期保教过程中失范行为频出。该层面的警源如下：政府对早教机构的支持力度和监管力度薄弱，政府部门缺失对早教教师从业资质的规定与审查，早教机构对经济利益的追逐高于社会效益。家庭层面的风险如下：家长的育儿理念及行为违背0至3岁儿童身心发展规律；家长关于0至3岁儿童保教的责任缺失，将0至3岁儿童保教寄托于早教机构。该层面的警源如下：社会相关机构缺乏关于儿童早期保教的宣传；家长"不能输在起跑线"的从众心理；早教机构功能无限扩大的社会风气。

再次，识别0至3岁儿童早期保教质量保障过程中风险出现的先兆，并与相应的预警程度建立关联。国家结合0至3岁儿童早期保教质量评价体系、专家判定法和当地实际情况，确定0至3岁儿童保教质量保障对象出现风险的底线，以此作为儿童早期保教质量风险出现的先兆。就0至3岁儿童保教的结构质量保障、过程质量保障及结果质量保障的每一项指标，按照基本无风险、较低风险、中等风险、较高风险和高风险这五个层次的风险程度对其进行具体阈限范围的界定及评估。

最后，规避0至3岁儿童早期保教质量保障风险的预控对策。首先，政府要加强对儿童早期保教的宏观管理，科学合理制订儿童早期保教的中长期发展规划。为了确保投资收益及防范财务风险，各级政府应该根据当地国民经济发展水平、适龄人口变化等因素，科学预测儿童早期保教未来发展的趋势，并制定0至3岁儿童早期保教发展规划方案。政府应建立儿童早期保教预警管理系统，即针对儿童早期保教质量风险较低的早教机构、社区及家庭，给予适当引导；针对儿童早期保教质量中度及高度风险的早教机构、社区及家庭，进行追踪调查，定期监控其风险等级并及时采取补救措施。例如，美国洛杉矶为无法获得正规儿童早期保教服务的儿童提供"洛杉矶的无围墙学前教育项目"（Los Angeles county's preschool without walls）。该项目旨在让朋友、亲戚和邻居等助力家长和儿童建立依恋关系，并为所有参加者提供带回家的活动指南、社区资源链接和低成本的儿童早期保教家庭学习材料。早教机构、社区及家庭等也应构建及完善儿童早期保教的预警系统，指定预警人关注各种因素对0至3岁儿童早期保教的影响及变化趋势并预测可能出现的各类风险。

第三节 0至3岁儿童保教过程质量的保障机制

0至3岁儿童保教过程质量的保障机制是在政策的激励与社会组织引导下保障0至3岁儿童家庭育儿能力提升及儿童社会保教过程质量发展的机制。0至3岁儿童早期保教过程质量的保障机制侧重于"建"与"推"。"建"是指通过以家长及早教机构作为过程质量保障的中心主体，努力建设促进儿童身体和心理全面发展的体系。"推"是指外援式及内涵式地推动家庭养育及社会公共保育质量的提升。

从生态系统视角来看，0至3岁儿童主要与家长和早教工作人员进行互动和交往。因此，0至3岁儿童保教质量的保障机制更聚焦于微观系统。微观系统中的原生家庭影响0至3岁儿童过程质量的方式包括两方面。一方面，通过亲子互动对0至3岁儿童身心发展持续地产生有利或不利的影响；另一方面，通过选择不同早教机构间接影响0至3岁儿童身心发展。微观系统中不同类型早教机构通过师幼互动、同伴互动及儿童与材料互动等形式影响儿童早期保教过程质量。霍恩（Horm）等人的研究印证了高质量师幼互动与连续性保教对婴幼儿身心发展所产生的累积性积极效应。鲁普雷希特（Ruprecht）等人也认为，提供连续性儿童早期保教服务的早教工作人员往往能创造更高质量的师幼互动。

一、提供连续性的儿童早期保教服务

连续性的儿童早期保教服务是指，随着时间的推移，同一位早教教师或保教人员在相对较长的时间内参与0至3岁儿童早期保教相关活动。连续性儿童早期保教服务的理论基础主要是依恋理论。依恋理论主要强调儿童早期保教的一致性和敏感性，它是发展安全型依恋关系的重要基础，也是儿童早期保教服务发展的基础。2012年，玛丽·伊丽莎白·布拉茨-海恩斯（Mary Elizabeth Bratsch-Hines）的研究表明，连续性的儿童早期保教服务会对儿童早期身心发展产生潜在的积极和消极影响，特别是在儿童社交情绪领域发展方面[125]。在学前教育体制改革中，政府应从宏观政策层面提高0至3岁儿童早教师资队伍的专业地位、经济与福利待遇，使其愿意从教；也要逐步完善儿童早期保教工作者的转岗、流失及退出机制（如设置转岗或退出的标准或条件），以保障儿童早期保教工作队伍的稳定性及儿童早期保教的连续性。早教机构的管理者应实施"以人为本"的管理模式，组建凝聚力强、归属感强且幸福感高的儿童早期保教工作者团队。

二、早教机构中师婴互动质量的提升

儿童与教师的互动质量是儿童早期保教质量的重要组成部分之一。高水平师婴互动不仅直接影响儿童的认知、情感、个性及社会性发展，还会影响儿童与环境的互动质量及儿童间的同伴互动质量。早教机构之间合作与早教机构与师范院校合作等都助力于高质量的师婴互动。

早教机构应使用测评师婴互动质量的观察工具随时监测及评估儿童早期保教活动中师婴互动质量水平。目前，婴幼儿版课堂评估评分系统（the Classroom Assessment Scoring System）是被研究者们公认的信效度较高的一种观察工具，它主要包括三个维度："情感支持（积极的氛围，消极的氛围，教师的敏感性，尊重儿童的观点）；课堂组织（行为管理，效率，教学学习模式）；教学支持（概念的发展，质量的反馈，语言建模）。"[126]早教机构之间就师婴互动质量提升的合作，尤其是早教机构中的"领头雁"应积极发挥中心辐射作用。作为"示范"或"领头"的早教机构应承担以下责任：其一，主动联络其所在区域各类早教机构，以保障及提升师婴互动质量为主题，组织现场观摩学习、基于问题式的研讨会。其二，负责收集所在区域教育局、妇联、卫生及社区等各个部门关于早期保教过程质量的要求与家庭及早教机构的需求，就矛盾和不一致之处通过双向交流互动达成一致。

为提升师婴互动质量，师范院校可以根据早教机构关于师婴互动的需求，设置"订单式"的有针对性的儿童早期保教培训。儿童早期保教培训专业课程主要包括三个内容：关于儿童身心发展的观察力与判断力；为儿童提供一个有吸引力的学习与发展环境；根据儿童的阶段性发展特点及个体差异进行因材施育。师范院校和早教机构达成合作联盟，针对早教教师的师幼互动质量提升采取视频互动的指导范式。视频互动指导是以儿童为中心的，旨在使用视频反馈改善师婴互动质量。视频互动指导是专家和早教教师共同分析并讨论其早教实践活动中的社会互动（包括教师与个别儿童之间的互动，教师与儿童群体之间的互动及儿童之间的互动）的成功经验与困惑之处及其应对。

三、家长与早教教师建立良好的共同抚养关系

在儿童早期保教中，家长与早教教师之间良好关系的建立是重要的。家长与教师间关系是协作关系中至关重要的一部分，它可以让家长和教师更好地理解儿童并支持儿童的成长与发展。

政府、社区和早教机构共同助力家长与早教教师良好的共同抚养关系的建立。社区及早教机构以0至3岁儿童发展为主题，为家长与早教教师间有效交流互动平台的搭建提供支持和帮助。家长和早教教师共同抚养关系指导的理论框架包括三个重要主题：家长和早期教育者之间定期与不定期地交流互动；儿童早期保教实践中，早教教师和家长彼此认可、鼓励、信任或安慰，包括落实对方提出的合理要求与建议；儿童早期保教实践中，家长和早教教师有效处理其关于婴幼儿保教中的意见分歧并达成一致意见。

教育部门等应选派专门的儿童早期保教联络员了解某一地区0至3岁儿童早期保教资源及家长的儿童早期保教需求，为家长及早教教师的交流扫除障碍，并提供机会增强彼此的信任和协作。利益相关者达成的信息共享协议能促进早教机构间的协作。协议应记录家长、社区、保教工作者和管理者等交换有关0至3岁儿童发展的相关信息，并详细说明哪些信息可以合法地交换，哪些不能进行合法的交换。

第四节　0至3岁儿童保教结果质量保障的监督机制

0至3岁儿童早期保教结果质量主要表现在以下两方面：其一，0至3岁儿童学习与发展的结果能反映家庭教育水平；其二，早教机构的儿童早期保教服务质量能反映社会教育的水平。0至3岁儿童早期保教结果质量的测评机制侧重于"评"与"改"。"评"是指测评0至3岁儿童的身体发育状况、认知发展水平、情绪情

感及社会性等方面的发展水平，并根据家长及早教教师的观察及访谈记录，综合测评儿童身心发展的优势与不足及分析其原因。"改"是指权威、客观且全面地针对家庭养育及社会公共保教服务质量进行检查和测评，并通过结果反馈实现0至3岁儿童早期保教服务体系的改进与优化。

家长、社区及早教机构等自评及权威专业机构定期测评结合的方式能够全面、客观且准确地反映0至3岁儿童身心发展的结果。家长、社区及早教机构等可以参考幸福早教课题组研制的我国《0~3岁儿童学习与发展指南》中的各项测评及观测指标[127]，并对0至3岁儿童身体及心理发展进行横向对照和比较。0至3岁儿童的主要抚养人及早教机构的早教教师等也可以参考每个儿童过去身心发展的状况及水平，就其身心发展同一方面的现在水平与过去水平进行纵向比较，了解他们的身心发展状况。早教机构可以使用信度和效度较高的测评工具对其保教质量等级进行自评。经常用于测评早教机构提供的儿童早期保教服务的质量的量表是儿童早期环境等级评价量表（修订版）和婴幼儿环境等级量表（修订版）。

定期由社会权威机构综合评定早教机构的儿童早期保教服务质量等级水平；科学且综合地测评早教机构的环境创设、早教课程的开发与实施、早教教师开展儿童早期保教实践等，确定其所处的等级水平。权威机构定期评比并及时将评比的结果与改进意见在专业网站上进行公示，以供家长、社区与相关部门选择及制定政策时参考使用。测评工具的设计与开发可以借鉴澳大利亚的NQS评估及评级工具。它是澳大利亚具有较高信效度的婴幼儿保教服务评估的重要工具；旨在保障及推动儿童早期保教服务质量的持续改进。NQS有三个最常用的质量标准：努力达到国家质量标准、达到国家质量标准和超越国家质量标准。NQS包括七个主要质量内容领域，且每个质量内容领域由两到三个具体标准组成，每个标准由描述实现标准结果的元素组成。

指派价值中立的第三方与家长、社区及早教机构组成儿童早教结果质量的监督与指导组织，对0至3岁儿童的身心发展状况及儿童早教机构的保教质量进行定期考核评估，提出整改与指导意见和建议。要获得专业且权威的关于0至3岁儿童学习与发展的测评结果，需要社会组织或专业机构借助区域性平台，广泛收集各个地区0至3岁儿童三个不同年龄段（有的以半岁为依据，有的以1岁为依据）的身体及心理各项发展的正常指标或有参考价值的对比常模；考虑0至3岁儿童发展的城乡差异并通过持续观察、测评及家长问卷等形式了解0至3岁儿童身心发展的实际情况。

第八章　研究结论及未来研究展望

第一节　研究结果关于研究问题的回应情况

该研究主要聚焦于解决新疆地区0至3岁儿童早期保教质量保障的措施及其产生影响或作用的机制。尤其是在2016年国家开始执行每对夫妇可以生育两个孩子政策，2021年国家继而公布了每对夫妇可以生育三个孩子的政策。国家推行政策的同时，也需要考虑各核心利益相关者关于儿童早期保教方面的利益诉求及相关意见。高质量的0至3岁儿童早期保教服务是所有核心利益相关者共同关注的热点话题，在地区更是如此。这也关乎人民迫切关注及急需解决的民生问题。

研究结果回应了第一个研究子问题，即核心利益相关者关于0至3岁儿童早期保教质量方面有哪些各自的利益诉求，以及有哪些共同的利益诉求。0至3岁儿童早期保教的核心利益相关者主要包括：政策制定者、家长、早教机构管理者、早教教师、社区工作人员，以及其他相关社会机构的工作人员。这些核心利益相关者都有各自的立场及视角，他们关于0至3岁儿童早期保教的利益诉求有相同之处，也存在差异。政府由管理职能向服务职能转变，这决定了政策制定者关注0至3岁儿童早期保教服务带来社会稳定、经济效益以及民生改善等方面的利益。0至3岁儿童的父母及祖父母的利益诉求则聚焦于国家及社会层面能否持续监管、保障及提升3岁以下儿童早期保教服务的质量，并对养育第二个孩子有一定的经济补贴或是适当地增加一些福利待遇，在家庭育儿方面提供定期的专业指导及与育儿专家交流互动的机会。对于早教机构（或早教中心或保育院）的经营者或是管理者而言，他们的利益诉求主要聚焦于遵循市场运转的规律，通过提供0至3岁儿童早期保教服务获得良好的社会形象和口碑；其最终目的仍然是获得较高的收益与利润。就早教机构的早教教师的立场而言，他们中的部分成员更为关注薪资水平的高低、福利待遇，以及工作的稳定性等切身利益相关的方面。另一部分早教教师则比较关注其专业的可持续性发展等要素；例如，早教教师们的专业成长与发展的机会，早教机构的人际关系与组织氛围及管理制度的合理性与人性化等方面。对于社区工作人员而言，他们更聚焦于全心全意地服务于所管辖社区的居民迫切关注和亟待解决的儿童早期保教服务，以及获得关于他们这项工作的明确职责及规范。对于其他相关社会或组织机构的工作人员而言，他们比较希望能够明确他们在儿童早期保教工作中的职责范围以及与他人合作的途径。各核心利益相关者关于0至3岁儿童早期保教的共同利益诉求主要表现在以下几方面：其一，希望政府相关部门以提供政策及相关法律条文等方式引起对于0至3岁儿童早期保教质量的关注、支持及监测；其二，儿童早期保教实践层面，各核心利益相关者各自明确其职责范围及权利使用的落实，并围绕"促进3岁以下儿童健康、和谐和快乐地发展"进行相互配合；其三，0至3岁儿童早期保教质量的定期监管、测评与改进。

研究结果也回应了第二个研究的子问题。即各核心利益相关者视角下，0至3岁儿童早期保教质量保障的主要举措有哪些？这些举措是如何发挥作用的？还存在哪些问题，其背后的原因是什么？

首先，在政府这一核心利益相关者的视角之下，0至3岁儿童早期保教质量保障的主要举措聚焦于在政策及相关文件中提出对于0至3岁儿童早期保教的关注。这与刘中一的观点相契合；刘中一认为儿童早期保教服务具有"公益化、专业化、市场化、机构化"等特点[128]；因此，政府在其中扮演着宏观调控把方向的引导者这一重要角色。例如，自2010年以来，新疆维吾尔自治区相关部门开始关注0至3岁儿童教育对于社会及儿童发展的重要性。基于大多数3岁以下儿童的保教主要依赖家庭养育模式这一特点，国家的相关政策文件进一步聚焦于3岁以下儿童家长育儿方式及注意事项方面的指导和教育。例如，2012年的相关政策聚焦于0至3岁儿童的家庭教育，未提及对儿童社会教育的相关规定。二孩政策的颁布及实施过程中，随着各地的早教机构或早教中心的增多，国家的相关政策文件也开始关注为0至3岁以下儿童提供早期保教服务的营利性机构的规范性及质量保障等方面的问题。例如，2017年之后，相关文件在全面二孩政策背景下提到了对儿童早期保教社会公共服务水平的关注，建议有条件的幼儿园可以作为0至3岁儿童保教的试点单位，并积极尝试并将好的经验进行推广。

但是，0至3岁儿童保教的相关政策文件在具体实施层面，与各核心利益相关者的利益诉求相比，仍然存在以下几个问题。其一，关于0至3岁儿童早期保教方面的现行政策文件仍然有待继续细化及拓展。例如，针对0至3岁儿童的家庭育儿可以提供关于0至3岁儿童学习与发展方面的纲领性文件，以及一些成功的家庭育儿模式分享及问题反馈机制方面的反馈。其二，目前出台的相关政策文件主要是针对0至3岁儿童的家长以及提供儿童早教服务的社会营利性机构给出一些积极引导。但是，对于一些约束性且具有强制性的保障0至3岁儿童身心健康及儿童早期保教服务质量方面的法律条文仍然比较缺乏。这一点在近年发生的幼儿园虐童事件出现后更为凸显。其三，政府也可以通过经济杠杆的方式保障0至3岁儿童早期保教的质量；但是，目前尚未能充分地利用和发挥经济杠杆的作用。一方面，主要表现为保障0至3岁儿童保教质量的经费有限；另一方面，则是给予0至3岁儿童家长的高质量保教方面的经费或福利支持方面的政策文件还有待继续研发。张春荣与沈跃珊在建议中提到政府应该颁布早教机构管理的相关条例、工作规程及建筑规范，并积极建立准入制度；也应尽快出台《0至3岁儿童发展指南》等[129]。

其次，家长这一核心利益相关者是0至3岁儿童早期保教质量的结果终端的重要体验者、评价者和改进的参与者。家长们对于新疆地区0至3岁儿童早期保教质量的整体满意度呈现出中等水平。其中，新疆地区的家长对于儿童早期保教结果质量的满意度是最高的；对于儿童早期保教过程质量的满意度较高；而他们满意度最低的是儿童早期保教的结构质量。家长对于儿童早期保教结构质量的满意度相对最低的原因主要是他们不能及时知晓国家或省市关于0至3岁儿童（尤其是弱势群体家庭）早期保教的有关优惠政策或相关制度。而且，家长无法感知到来自社区或其他相关机构关于儿童早期保教方面的支持，也无法感知权威机构对于私立早教机构专业资质的审查与监管，以及早教教师的专业资质等方面的规范。家长关于儿童早期保教过程质量的满意度有待提升的原因主要是，城市地区家长参加由早教机构或早教中心提供的亲子早教课程，他们关于早教教师的教学方法和态度相对比较满意；但是，这对于未参加亲子早教课程的家长不公平，后者对此满意度自然不太高。家长关于儿童早期保教结果质量的满意度相对最高的原因主要是，国家提出的有关0至3岁儿童的身体保育方面。例如，国家推行0至7岁儿童的疫苗免费接种以降低儿童各类常见疾病的发生率。但是，家长关于0至3岁儿童早期保教方面的满意度还有提升的空间；家长认为国家相关机构及部门还需要定期权威、专业、可观测地评估0至3岁儿童身心发展的结果。研究结果还发现，对于要二孩持不同态度的家长关于0至3岁儿童早期保教的满意度也是不同的。其中，没有生育二孩意愿且没有报名早教机构的部分家长普遍对于0至3岁儿童早期保教家庭养育质量的评价不高。有生育二孩意愿的部分家长（第一个孩子为0至3岁）的第一个孩子是在家庭中亲自抚养的，或是由祖父母等亲戚抚养的，且他们关于其家庭养育0至3岁儿童的保教质量比较满意，这也直接影响其对第二个孩子在家庭养育中自信和乐观的态度。已经有二孩的部分家长（二孩的年龄为0至3岁）积累了养育第一个孩子的有益经验，他们关于0至3岁儿童的家庭养育质量还是比较满意的。另一部分家长则表示，他们对于早教机构的有针对性的早教服务的满意度一般。陈羽双与周乐山（2018）的实证调查研究结果发现，"有二孩计划者高亲职压力（指父母在养育子女历程中，需要履行父母角色以及和子女互动过程中所感受到的包括焦虑、烦恼和压力的情绪体验）发生率高于无二孩计划者。"[130]他们对于儿童早期保教的满意程度也会随之受到影响。

家长关于3岁以下早期保教方面的需求主要分为以下两种情况。其一，对于要二孩持不同态度的家长关于3岁以下儿童早期保教方面的需求也是不同的。已经有二孩的家长关于0至3岁儿童早期保教需求是有专业资质的、易于获得且具有实际可操作性的儿童早期保教服务；然而，准备要二孩的家长的儿童早期保教需求则聚焦于为二孩的生育提供各方面福利及保障。其二，不同经济水平的家长关于0至3岁儿童早期保教的需求也是不同的。经济水平较高的家长希望获得有特色且富有个性化的社会及家庭早教服务；经济水平中等及以下的家长更希望获得满足其工作需要的基本且普惠的儿童社会早教服务，以及家庭养育儿童的科学指导。这与已有的家庭养育相关研究有相同之处。高向东与牟宇峰认为，以父母为主的0至3岁儿童带养者具有初步的早教意识，但教育方式较单一、教育内容不均衡，能与子女充分交往，但交往质量有待提高；早教机构相对忽视对家长的早期教育指导[131]。但菲和矫佳凝（2020）通过问卷调查发现，"家长迫切的需求是托育服务的品质；全面细致的照顾是家长对托育服务的基本要求；卫生保健、环境设备和师资队伍是家长普遍关注的内容；家长背景、家庭结构和托育模式选择影响家长对托育品质的期待。"[132]

早教机构为儿童提供社会性的儿童早期保育和服务，越来越受到家长的关注。左本琴和周平都认为，家长普遍认为参加亲子园提供的亲子活动能够提高亲子间的互动能力，并增长育儿知识。超过半数的家长认为，在亲子园中能够得到专业人士的帮助，能够较快获得育儿知识和技能，消除育儿焦虑[133]。在新疆地区早教机构视角下，保障0至3岁儿童早期保教质量呈现出以下特征。第一种类型是加盟型私人（私立）早教机构（或早教中心）的主要质量保障措施是依托国内外加盟总店的支持和早教方案，兼顾家长的早教需求和满意度。其一，主要依托国内外加盟总部的品牌优势和各类资源，集中体现在加盟型早教机构的环境设计、课程开发与教师培训等方面。其二，这类早教机构是营利性质的，其保障措施主要以迎合及满足城市地区富裕家庭中家长关于0至3岁儿童智力开发及社会发展等方面的早教需要和提升家长育儿的满意度为导向。第二种类型是由企事业单位开办的早教中心或早教机构，他们保障儿童早期保教质量的主要措施是形成以促进儿童身心全面发展为导向及多方参与的联动机制。他们主要招收的是1.5至3岁儿童，以儿童的身体动作、早期语言与阅读、乐感及社会交往等全面发展为导向。而且，全体教师及领导共同参与早教课程的设计、组织及实施的整个教学过程，充分尊重儿童的主动性与积极性。他们一般都会有专门的"教研中心"，也会定期去合作单位接受指导，并与其他早教机构及幼儿园等组成质量保障联盟。这两种类型的早教机构在儿童早期保教质量保障方面也有共同之处，即儿童早期保教服务理念都聚焦于0至3岁儿童的全面发展；早教课程与教学方面都是以家长和儿童共同参与的系列课程为主；早教教师及其他专业人员主要是通过各类培训提高自身专业性；早教服务与管理者都积极学习并借鉴其他早教机构的有益经验。

早教机构关于0至3岁儿童早期保教质量保障的主要问题如下：其一，早教机构缺乏外部的定期监管且其内部管理存在失调的情况。国家尚未明确成立相关机构监管早教机构，尤其是监管私立早教机构。"目前，大部分早教机构是以'教育咨询'的名义，向工商部门注册领取营业执照，而根据《民办教育促进法》的有关规定，这又是'合法'的。"[134]早教机构的内部管理也存在诸多问题，如过度用才、过度耗才，以及相对忽视育才、助才的不平衡等。加盟型私立早教机构的儿童早期保教服务以及管理都过分依赖其所加盟的总部早教机构，缺乏独立的创新意识与能力，尤其是缺乏早教课程及游戏活动等的自主研发的意识与能力。其二，早教机构仍然无法满足家长对于儿童早期保教服务的多样化需求。新疆地区现有早教机构提供全日制早期保教服务，无法帮助家长，尤其是父母解决兼顾照顾3岁以下孩子与工作方面的冲突。新疆地区的早教机构整体数量较少，主要集中分布在城市地区，且收费昂贵。现有的早教机构无法满足贫困、残疾或其他弱势群体家庭享受普惠型儿童早期保教的需求。其三，早教机构中早教教师的专业性不强，专业可持续发展的机会较少，且流动性较大。这在疫情期间更为明显。其四，早教机构的儿童早期保教课程照搬照抄现象严重，课程实施刻板化且缺乏灵活性；将地域特色与文化有机融入的程度偏低。本研究中早教机构在儿童早期保教质量保障中的问题与已有研究有相似之处。刘霖芳认为，目前我国早教机构存在的问题主要包括："监管不到位，收费偏高；教师的专业化程度较低；对家庭教养者缺乏有效的指导；机构间差距较大，城乡间发展不均衡等。"[135]莫丽萍认为，"当前的托育机构主要是针对婴幼儿进行日常生活照护和智力开发，保育和教育构成日常生活的主要部分，而膳食营养和疾病防控方面较为薄弱。"[136]

相关社会组织或机构视角下0至3岁儿童保教质量的保障机制如下。就社区视角而言，保障0至3岁儿童保教质量的主要举措如下：举措一是通过发挥社区的管理职能，关注3岁以下儿童的身体健康，尤其关注接种疫苗的落实情况。举措二是通过定期走访，或是通过微信等现代通信方式做好有关0至3岁儿童早期疾病预防等身体保健方面的相关宣传工作。但是，社区在保障0至3岁儿童早期保教质量方面仍然存在问题：其一，社区相关工作人员积极主动地向家长提供3岁以下儿童社会早期保教方面相关咨询的服务职能发挥得还不到位；其二，社区关于3岁以下儿童在家庭养育中的家长科学育儿的支持性措施也相对较少。杨帆的调查也表明，家长对于社区早教开展的育儿讲座和父母课堂满意度较低[137]。

就高等师范类院校层面而言，保障0至3岁儿童保教质量的举措主要包括以下内容：举措一是通过职前教育培养合格的早教教师及早教管理者，从而提高教师的儿童早期保教能力及水平。举措二是通过讲座、短期培训及继续教育等方式提升在职早教教师及早教管理者的专业素养。举措三是为监测及评估3岁以下儿童早期保教质量提供专业支持。举措四是为家庭提供养育3岁以下儿童的专业咨询服务。但是，高等师范类院校保障0至3岁儿童保教质量也存在以下问题：问题一是早教管理者相关的职前教育及在职培训还有待补充及完善；问题二是早期教育专业教师教育者的专业素养仍然需要提升；问题三：缺乏适宜我国本土的早教课程及教育模式。

在学前教育协会等专业组织视角下，0至3岁儿童早期保教质量的保障措施如下：举措一是从专业视角统筹3岁以下儿童早期保教社会公共事业的发展。举措二是为学前教育会员提供关于3岁以下儿童早期保教的专业学习、培训及研究的机会。举措三是为政府出台3岁以下儿童早期保教政策提供参谋和借鉴。但是，学前教育协会等专业机构保障0至3岁儿童保教质量还存在以下问题：问题一是通过学前教育协会组织的专业培训内容还趋于理论抽象层面，与实践的融合性还有待提升；问题二是学前教育协会的专业学习及教育培训范围有待拓展，即参与者还需要考虑和辐射到参与一线儿童早期保教的早教教师、早教管理者和社区工作人员等。

这些研究结论都印证了原来的研究假设，即不同核心利益相关者关于0至3岁儿童早期保教的利益诉求是不同的，但是也有共通之处。政策制定者、家长、早教机构管理者、早教教师、社区工作人员，以及其他相关社会机构的工作人员作为0至3岁儿童早期保教的核心利益相关者，已经基于各自的职责范围践行了0至3岁儿童早期保教质量保障的主要举措。

第二节　研究的不足与局限

本研究还存在以下不足与局限之处：

首先，抽取样本方面还存在数量的局限，可推广范围会受到一定的局限。调查的地区只涉及新疆南疆和北疆的个别城市地区，尤其是在调查家长关于0至3岁儿童早期保教质量满意度及早期保教需求时，调查农村地区的人数较少，研究结论具有一定局限性。受本课题组组员掌握语言的限制，问卷的发放及访谈对象的选择都是以懂得汉语的汉族、回族及其他少数民族为主。走访进行调查的早教机构、早教教师及管理者也主要来自城市地区，涉及家庭式儿童早期保教服务质量方面的调查较少。

其次，本研究在撰写的过程中虽然增加了国外0至3岁儿童早期保教的相关研究，且增加这部分对于提出有关0至3岁儿童早期保教的建议具有一定的借鉴价值和意义，但是，并没有能够很好地与本研究中的各利益相关者视角下0至3岁儿童早期保教质量保障的相关内容有机整合。这也是本研究的第二个局限和不足之处。

最后，从结果来看，本研究未能很好地突出新疆地区的地域特色。新疆地区民族众多，有维吾尔族、柯尔克孜族、塔吉克族、哈萨克族、蒙古族、回族、汉族、满族、锡伯族等十多个，总体呈现出大杂居、小聚居的特色。由于本研究取样的局限性，有些少数民族涉及得较少，甚至未能涉及。此外，由于未能使用扎根研究及案例研究等质性研究范式，在研究方法方面还存在一定的局限性，未能深度解释不同少数民族关于儿童早期保教质量保障措施、问题及原因方面的差异，以及背后深层的历史及文化等原因。

第三节　未来相关研究展望

有关儿童早期质量保障还需要继续研究的问题如下：

首先，关于0至3岁儿童家庭养育方面，未来可以开展以下相关研究。即不同类型家庭（如不同家庭结构，不同经济水平，不同要二孩情况的家长等类型）关于0至3岁儿童早期保教方面的问题及主要保障措施有哪些？不同类型教养方式与0至3岁儿童感知觉、认知、情感、社会性等方面发展的关系是怎样的？

其次，关于0至3岁儿童的社会保教服务方面，未来可以开展以下的相关研究。探究政府层面颁布的各项社会公共保教质量保障措施在具体实施过程中的有效性，以及需要继续改进的策略与路径等。政府层面如何调动核心利益相关者们参与0至3岁儿童早期保教的质量保障工作，以及如何建立相互协调与共同合作的工作机制。就早教机构层面而言，以案例研究或是行动研究的范式探究早教机构如何逐渐提高其儿童早期保教质量水平。以个案的形式探究欠发达地区或农村地区早教机构内部（或是兼育儿任务的幼儿园内部）0至3岁儿童早期保教质量保障体系是如何构建的，以及工作机制是如何运作的。就师范院校而言，可以继续探究0至3岁儿童早期保教教师的职前与职后一体化的成功培养模式及其运作条件与机制等。

参考文献

[1]夏莹.婴儿教育学[M].上海：复旦大学出版社，2011：2.

[2]国务院办公厅.国务院办公厅关于促进3岁以下婴幼儿照护服务发展的指导意见[EB/OL].（2019-05-09）[2021-07-02].

[3]国务院办公厅.国务院办公厅关于促进养老托育服务健康发展的意见[EB/OL].（2020-12-31）[2021-07-06].

[4]辛宏伟.甘肃省农村0~3岁婴幼儿家庭教养的现状与对策研究[D].兰州：西北师范大学，2004.

[5]刘玉娟.婴幼儿早期教育参与情况及其对父母教养方式的影响[J].学前教育研究，2014（12）：23-28.

[6]周迎亚.边疆少数民族0-3岁儿童家长的育儿理念与实践的比较研究——基于新疆和西藏的实证调查[D].上海：华东师范大学，2015.

[7]王峥.上海以社区为基础的0-3岁儿童服务机构的运行走向研究[D].上海：华东师范大学，2005.

[8]吴伟俊.0-3岁亲子园教育的问题与对策研究[D].武汉：华中师范大学，2007.

[9]王磊.南京市0~3岁婴幼儿教养机构运营模式研究——基于四个机构的考察[D].南京：南京师范大学，2008.

[10]蒋永萍，陈玉佩.重建并完善婴幼儿托育公共服务体系[N].中国社会科学报，2018-06-27.

[11]张本波.健全0-3岁婴幼儿托育服务体系[N].中国社会科学报，2018-05-30.

[12]OECD. Starting Strong 2017: Key OECD Indicators on Early Childhood Education and Care[M].Paris: OECD Publishing, 2017.

[13]HOWES C, BURCHINAL M, PIANTA R, et al. Ready to learn? Children's pre-academic achievement in pre-kindergarten programs[J]. Early Childhood Research Quarterly, 2008(23): 27-50.

[14]BRITTO P R, YOSHIKAWA H, BOLLER K. Quality of early childhood development programs in global contexts: Rationale for investment, conceptual framework and implications for equity[J]. Social Policy Report, 2011, 25(2): 1-31.

[15]OECD. Starting Strong Ⅲ: A Quality Toolbox for Early Childhood Education and Care[EB/OL]. (2011-12-16) [2021-08-23].

[16]OECD. Quality Early Childhood Education and Care for Children Under Age 3: Results from the Starting Strong Survey 2018[EB\OL]. (2011-12-16)[2021-08-23].

[17]蔡迎旗，王翌.欧洲国家0~3岁婴幼儿保教服务质量提升行动及其启示[J].学前教育研究，2020（12）：3-15.

[18]夏熊飞.0-3岁入托率不足6%我的娃谁来带[N].中国青年报，2021-07-30.

[19]李希如.人口总量平稳增长城镇化水平稳步提高[EB/OL].（2019-01-23）[2019-05-16].

[20]KATZ L G. Early Childhood Programs: Multiple Perspectives on Quality[J]. Childhood Education, 1992, 69(2): 66-71.

[21]DEBORAH C, CHIARA B. Four Perspectives on Child Care Quality[J]. Early Childhood Education Journal, 2002, 30(2): 87-92.

[22]李树燕，唐敏，李彩彦，等.农村贫困地区0~3岁儿童早期发展的意义、困境与出路[J].当代教育论坛，2019（6）：31-40.

[23]中华人民共和国教育部.学前教育三年行动计划系列报道 新疆：基本满足适龄儿童入园需求[EB/OL].（2011-11-15）[2017-11-10].

[24]BRIDGET K.H, ROBERT C P. Can instructional and emotional support in the first-grade classroom make a difference for children at risk of school failure?[J]. Child Development, 2005, 76(5): 949-967.

[25]THOMASON A, LA PARO K. Teachers' commitment to the field and teacher - child interactions in center-based child care for toddlers and three-year-olds[J]. Early Childhood Education Journal, 2013, 41(3): 227-234.

[26]LØKKEN I E, BJØRNESTAD E, BROEKHUIZEN M L, et al. The relationship between structural factors and interaction quality in Norwegian early childhood care and education for toddlers[J]. International Journal of Child Care & Education policy, 2018, 12(1): 1-15.

[27]Early Child Care Research Network. Child-care structure—>process—> outcome: direct and indirect effects of child-care quality on young children's development[J]. Psychological Science, 2002, 13(3): 199-206.

[28]FREEMAN R E, MCVEA J. A Stakeholder Approach to Strategic Management[EB/OL]. [2019-05-25].

[29]DONALDSON T, PRESTON L. The stakeholder theory of the modern corporation: Concepts, evidence, implications[J]. Academy of Management Review, 1995(20): 65-91.

[30]FREDERICK W C. From CSR1 to CSR2: The Maturing of Business-and-Society Thought[J]. Business & Society, 1994, 33(2): 150-164.

[31]WHEELER D, SILLANPÄÄ M. Including the stakeholders: The business

case[J]. Long Range Planning, 1998, 31(2): 200–210.

[32]MITCHELL R K, AGLE B R, WOOD D J. Toward a theory of stakeholder identification and salience: Defining the principle of who and what really counts[J]. The Academy of Management Review, 1997, 22(4): 853–886.

[33]陈宏辉，贾生华.企业利益相关者的利益协调与公司治理的平衡原理[J]. 中国工业经济，2005（8）：114–121.

[34]HAMRE B K, PIANTA R C. Can instructional and emotional support in the first–grade classroom make a difference for children at risk of school failure?[J]. Child Development, 2005, 76(5): 949–967.

[35]HONG S L S, SABOL T J, BURCHINAL M R, et al. ECE quality indicators and child outcomes: Analyses of six large childcare studies[J]. Early Childhood Research Quarterly, 2019(49): 202–217.

[36]PIANTA R C, LA PARO K M, HAMRE B K. Classroom Assessment Scoring System™: Manual K–3[EB/OL]. [2021–01–01].

[37]THORPE K, RANKIN P, BEATTON T, et al. The when and what of measuring ECE quality: Analysis of variation in the Classroom Assessment Scoring System (CLASS) across the ECE day[J]. Early Childhood Research Quarterly, 2020(53): 274–286.

[38]SOUKAKOU E P. Measuring quality in inclusive preschool classrooms: Development and validation of the Inclusive Classroom Profile (ICP)[J]. Early Childhood Research Quarterly, 2012, 27(3): 478–488.

[39]SKALICKÁ V, BELSKY J, STENSENG F, et al. Preschool–age problem behavior and teacher–child conflict in school: Direct and moderation effects by preschool organization[J]. Child Development, 2015, 86(3): 955–964.

[40]REID J L, READY D D. High–quality preschool: The socioeconomic

composition of preschool classrooms and children's learning[J]. Early Education & Development, 2013, 24(8): 1082–1111.

[41]HAMRE B, HATFIELD B, PIANTA R, et al. Evidence for General and Domain–Specific Elements of Teacher – Child Interactions: Associations With Preschool Children's Development[J]. Child Development, 2014, 85(3): 1257–1274.

[42]LEYVA D, WEILAND C, BARATA M, et al. Teacher – Child Interactions in Chile and Their Associations With Prekindergarten Outcomes[J]. Child Development, 2015, 86(3): 781–799.

[43]MASHBURN A J, PIANTA R C, HAMRE B K, et al. Measures of classroom quality in prekindergarten and children's development of academic, language, and social skills[J]. Child Development, 2008, 79(3): 732–749.

[44]BURCHINAL M, VANDERGRIFT N, PIANTA R, et al. Threshold analysis of association between child care quality and child outcomes for low–income children in pre–kindergarten programs[J]. Early Childhood Research Quarterly, 2010(25): 166–176.

[45]KEYS T D, FARKAS G, BURCHINAL M R, et al. Preschool Center Quality and School Readiness: Quality Effects and Variation by Demographic and Child Characteristics[J]. Child Development, 2013, 84(4): 1171–1190.

[46]ZASLOW M, ANDERSON R, REDD Z, et al. QUALITY THRESHOLDS, FEATURES, AND DOSAGE IN EARLY CARE AND EDUCATION: INTRODUCTION AND LITERATURE REVIEW[J]. Monographs of the Society for Research in Child Development, 2016, 81(2): 7–26.

[47]KING E K, PIERRO R C, LI Jiayao, et al. Classroom quality in infant and toddler classrooms: Impact of age and programme type[J]. Early Child

Development and Care, 2016, 186(11): 1821–1835.

[48]CASTLE S, PAYTON A C W, YONG E, et al. Teacher–child interactions in early Head Start classrooms: Associations with teacher characteristics[J]. Early Education and Development, 2016, 27(2): 259–274.

[49]FUKKINK R, LONT A. Does training matter? A meta–analysis and review of caregiver training studies[J]. Early Childhood Research Quarterly, 2007(22): 294–311.

[50]HAMRE B K, PIANTA R C, BURCHINAL M, et al. A course on effective teacher–child interactions: Effects on teacher beliefs, knowledge, and observed practice[J]. American Educational Research Journal, 2012, 49(1): 88–123.

[51]NEUMAN S B, CUNNINGHAM L. The Impact of Professional Development and Coaching on Early Language and Literacy Instructional Practices[J]. American Educational Research Journal, 2009, 46(2): 532–566.

[52]金熳然，冯倩，柳海民.日本企业主导型托育服务支持政策：背景、内容与效果[J].外国教育研究，2020，47（6）：101–113.

[53]武欣，史瑾.21世纪以来德国联邦政府0~3岁婴幼儿托育改革进展与趋势[J].外国教育研究，2020，47（7）：87–100.

[54]庞丽娟，王红蕾，冀东莹，等.有效构建我国0–3岁婴幼儿教保服务体系的政策思考[J].北京师范大学学报：社会科学版，2019（6）：5–11.

[55]李雨霏，马文舒，王玲艳.1949年以来中国0~3岁托育机构发展变迁论析[J].教育发展研究，2019，39（24）：68–74.

[56]赵建国，王瑞娟.我国幼托服务供给模式选择及实现路径[J].社会保障研究，2018（3）：84–91.

[57]洪秀敏，刘倩倩.论积极教养对儿童社会适应的中介作用——基于一孩家庭与二孩家庭的多群组分析[J].北京师范大学学报：社会科学版，

2020（5）：26-35.

[58]黄振中，李曼丽.基于专业标准的儿童早期发展保教师及其核心知识能力框架研究[J].教育学报，2019，15（6）：82-92.

[59]蔡迎旗，陈志其.我国早期教育专业师资培养中亟需厘清的基本问题[J].现代教育管理，2020（6）：48-55.

[60]吕雪娇，许晓晖.英国早期教育从业者QCF资格认证及其启示[J].学前教育研究，2012（7）：56-60.

[61]陈琪，李延平.英国家庭早教专业人才培养案例研究[J].比较教育研究，2019，41（5）：106-112.

[62]刘桂宏，饶从满.美国早期教育者能力体系构建及启示[J].外国中小学教育，2019（7）：48-56.

[63]吴扬.美国特殊儿童早期学习与发展评估研究——以DEC发布的指导文件为例[J].中国特殊教育，2020（6）：18-24.

[64]任晓玲，严仲连.英国早期阶段儿童学习与发展评价研究及启示[J].外国教育研究，2018，45（10）：13-24.

[65]OECD. Starting Strong Ⅱ: Early Childhood and Care[EB/OL]. (2006-09-14)[2021-11-09].

[66]中华人民共和国教育部.关于政协十三届委员会第三次会议第4574号（教育类433号）提案答复的函[EB/OL].（2020-10-22）[2021-01-11].

[67]JONES T M. Instrumental stakeholder theory: A synthesis of ethics and economics[J]. Academy of Management Review, 1995(20): 404-437.

[68]张燕.城市地区0-3岁婴幼儿家长托育服务需求调查[D].杭州：浙江师范大学，2019.

[69]朱纯洁.城市贫困家庭早期儿童照顾与教育（ECCE）服务需求及其政策供给研究[D].无锡：江南大学，2015.

[70]田甜.郑州市0~3岁早教机构发展现状的调查研究[D].郑州：河南大学，2012.

[71]张雅楠.0-3岁早期教育机构的问题与对策研究[D].呼和浩特：内蒙古师范大学，2013.

[72]郑健成.0~3岁早教社区服务现状与示范性幼儿园作用的发挥[J].学前教育研究，2008（1）：59-62.

[73]陈红梅，金锦秀.从局外走向局内——关于幼儿园成为社区0~3岁婴幼儿早期教育服务中心的思考[J].学前教育研究，2009（9）：29-32.

[74]白鸽，夏婧.基于社区的早期家庭教育指导服务模式：治理结构与运行机制[J].教育发展研究，2022（2）：55-62.

[75]张婵娟.0-3岁托育机构从业人员现状分析及对策研究[D].上海：上海师范大学，2019.

[76]罗小琴，杨莉君.论我国早期教育专业师资培养的三个维度——意涵解读、困境解剖与实践解答[J].当代教育论坛，2021（1）：101-110.

[77]SIMS M, WANIGANAYAKE M. The performance of compliance in early childhood: Neoliberalism and nice ladies[J]. Global Studies in Early Childhood, 2015, 5(3): 333-345.

[78]LAZZARI A, PICCHIO M, MUSATTI T. Sustaining ECEC quality through continuing professional development: systemic approaches to practitioners' professionalisation in the Italian context[J] .Early Years, 2013, 33(2): 133-145.

[79]KAGA Y, BENNETT J, MOSS P. Caring and Learning together: A cross-national study of integration of early childhood care and education within education[EB/OL]. [2021-11-09].

[80]POLLOCK K, WARREN J D, ANDERSEN P J. Inspiring environmentally responsible preschool children through the implementation of the National

Quality Framework: Uncovering what lies between theory and practice[J]. Australasian Journal of Early Childhood, 2017, 42(2): 12–19.

[81]Australian Children's Education & Care Quality Authority. Leadership and management in education and care services: An analysis of Quality Area 7 of the National Quality Standard[EB/OL]. [2021–10–11].

[82]SHERIDAN S. Discerning pedagogical quality in preschool[J]. Scandinavian Journal of Educational Research, 2009, 3(53): 245–261.

[83]SHERIDAN S. Dimensions of pedagogical quality in preschool[J]. The International Journal of Early Years Education, 2007, 2(15): 198–217.

[84]PRAMLING N. Educational encounters: Nordic studies in early childhood didactics[EB/OL]. [2021–11–16].

[85]FRASER K, MCLAUGHLIN T. Quality assessment in early childhood: A reflection on five key features[EB/OL]. [2022–05–01].

[86]REISMAN M. Learning stories: Assessment through play[EB/OL]. [2021–10–11].

[87]SHERIDAN S M, EDWARDS C P, MARVIN C A, et al. Professional development in early childhood programs: Process issues and research needs[J]. Early Education and Development, 2009, 20(3): 377–401.

[88]Department for Education of UK. Review of the Early Years Professional Status Standards[EB/OL]. (2012–05–24)[2021–12–11].

[89]HAVNES A. ECEC Professionalization — challenges of developing professional standards[J]. European Early Childhood Education Research Journal, 2018, 26(5): 657–673.

[90]BROWNLEE J, BERTHELSEN D, BOULTON–LEWIS G. Working with toddlers in childcare: Personal epistemologies and practice[J]. European Early

Childhood Education Research Journal, 2004, 12(1): 55-70.

[91]SHAH H, NILAND K, KHARSA M, et al. Competencies of infant and toddler teacher and caregivers: A compendium of measures[R/OL]. (2020-05-21) [2021-11-26].

[92]MANNING M, WONG G T W, FLEMING C M, et al. Is teacher qualification associated with the quality of the early childhood education and care environment? A meta-analytic review[J]. Review of Educational Research, 2019, 89(3): 370-415.

[93]OECD. Providing Quality Early Childhood Education and Care: Results from the Starting Strong Survey 2018[EB/OL]. (2019-10-24)[2021-08-17].

[94]OECD. "Quality beyond Regulations" database[EB/OL]. [2021-09-11].

[95]PENTTINENA V, PAKARINENA E, VON SUCHODOLETZB A, et al. Relations between kindergarten teachers' occupational well-being and the quality of teacher-child interactions[J]. Early Education and Development, 2020(7): 1-17.

[96]CASSIDY D J, KING E K, WANG Y C, et al. Teacher work environments are toddler learning environments: Teacher professional well-being, classroom emotional support, and toddlers' emotional expressions and behaviours[J]. Early Child Development and Care, 2017, 187(11): 1666-1678.

[97]OECD. "Quality beyond Regulations" database[EB/OL]. [2021-08-11].

[98]REID J L, MELVIN S A, KAGAN S L, et al. Enhancing the Quality of Infant and Toddler Care in New York City: Variation Across Early Learn Settings[EB/OL]. (2020-07-10)[2022-01-05].

[99]KENNEDY A S, LEES A. Outcomes of Community-Based Infant/ Toddler Teacher Preparation: Tiered Supports for Pre-service early Childhood

Education Teachers in Early Head Start[J]. American Journal of Educational Research, 2015, 3(6): 770–782.

[100]MANNING M, GARVIS S, FLEMING C, et al. PROTOCOL: The Relationship between Teacher Qualification and the Quality of the Early Childhood Care and Learning Environment: A Systematic Review[J]. Campbell Systematic Reviews, 2015, 11(1): 1–37.

[101]MANNING-MORTON J. The personal is professional: Professionalism and the birth to three practitioner[J]. Contemporary issues in Early Childhood, 2006, 7(1): 42–52.

[102]RECCHIA S L, SHIN M. 'Baby teachers': How pre-service early childhood students transform their conceptions of teaching and learning through an infant practicum[J]. Early Years, 2010, 30(2): 135–145.

[103]RYAN A M. ENSMINGER D C, HEINEKE A J, et al. Teaching, Learning, and Leading with Schools and Communities: One urban university re-envisions teacher preparation for the next generation[J]. Teacher Education, 2014, 22(2): 139–153.

[104]EGERT F, FUKKINK R G, ECKHARDT A G. Impact of In-Service Professional Development Programs for Early Childhood Teachers on Quality Ratings and Child Outcomes: A Meta-Analysis[J]. Review of Educational Research, 2018(1): 1–33.

[105]CUMMING T, SUMSION J, WONG S. Rethinking early childhood workforce sustainability in the context of Australia's early childhood education and care reforms[J]. International Journal of Child Care and Educational Policy, 2015, 9(2): 1–15.

[106]VANDENBROECK M, LAEVERS F, DAEMS M, et al. A PEDAGOGICAL

FRAMEWORK FOR CHILDCARE FOR BABIES AND TODDLERS[EB/OL]. (2014-11-20)[2021-10-15].

[107]Department of Education in UK. Statutory framework for the early years foundation stage: Setting the standards for learning, development and care for children from birth to five[EB/OL]. (2021-09-01)[2021-10-16].

[108]中华人民共和国教育部.关于幼儿教育改革与发展的指导意见[EB/OL]. （2003-01-27）[2018-10-12].

[109]国家中长期教育改革和发展规划纲要工作小组办公室.国家中长期教育改革和发展规划纲要（2010—2020年）[EB/OL]. （2010-07-29）[2018-10-12].

[110]国务院.中国儿童发展纲要（2011—2020年）[EB/OL]. （2011-08-09）[2018-10-12].

[111]中华人民共和国教育部.教育部启动0-3岁婴幼儿早期教育试点[EB/OL]. （2013-01-06）[2018-10-11].

[112]教育部办公厅.教育部办公厅关于开展0-3岁婴幼儿早期教育试点工作有关事项的通知[EB/OL]. （2012-04-17）[2018-10-01].

[113]国务院办公厅.国家贫困地区儿童发展规划（2014—2020年）[EB/OL]. （2015-01-15）[2018-10-12].

[114]教育部等四部门.教育部等四部门关于实施第三期学前教育行动计划的意见[EB/OL]. （2017-04-17）[2018-10-12].

[115] 新疆维吾尔自治区人民政府办公厅.新疆维吾尔自治区中长期教育改革和发展规划纲要（2010—2020年）[EB/OL]. （2011-01-24）[2018-11-10].

[116]新疆维吾尔自治区妇联.新疆维吾尔自治区儿童发展纲要（2011—2020年）[EB/OL]. （2017-04-12）[2018-11-10].

[117]新疆维吾尔自治区发展和改革委员会.新疆维吾尔自治区国民经济和社会发展第十三个五年规划纲要[EB/OL].（2016-10-14）[2018-12-17].

[118]新疆维吾尔自治区教育厅.2018年新疆维吾尔自治区教育厅本级预算单位部门预算公开[EB/OL].（2018-12-23）[2019-11-01].

[119]新疆维吾尔自治区教育厅.2017年新疆维吾尔自治区教育事业发展统计公报[EB/OL].（2018-12-23）[2019-11-01].

[120]方建华，马芮.新疆学前教育发展趋势与教育资源需求分析——基于2020—2035年幼儿园学位数预测[J].兵团教育学院学报，2021，31（3）：10-21.

[121]KREADER J L, FERGUSON D, LAWRENCE S M. INFANT AND TODDLER CHILD CARE QUALITY[EB/OL]. [2018-06-13].

[122]陈静，段赟.家庭友好型婴幼儿照料支持：城镇双职工家庭中的"90后"父职参与研究[J].江汉大学学报：社会科学版，2021，38（5）：12.

[123]BONTIS N. Intellectual Capital: An exploratory study that develops measures and models[J].Management Decision, 1998, 36(2): 63-76.

[124]魏权龄，刘起近，胡显估，等.数量经济学[M].2版.北京：中国人民大学出版社，2008: 322.

[125]Bratsch-Hines M E. Child Care Changes, Child Care Quality, and the Social Adjustment of African American Children in Prekindergarten [D]. Chapel Hill: University of North Carolina at Chapel Hill, 2012.

[126]LI Hongli, LIU Jingxuan, HUNTER C V. A Meta-Analysis of the Factor Structure of the Classroom Assessment Scoring System (CLASS)[J]. The Journal of Experimental Education, 2019, 88(2): 265-287.

[127]幸福早教课题组.《0-3岁儿童学习与发展指南》面世[J].中国特殊教育，2018（5）：1.

[128]刘中一.全面两孩政策下我国托育服务发展的对策建议[J].湖南社会科学，2017（5）：52-57.

[129]张春荣，沈跃珊.黑龙江省0-3岁婴幼儿教育状况及发展建议[J].教育探索，2017（6）：52-55.

[130]陈羽双，周乐山.学龄前儿童家长亲职压力的现状及其影响因素[J].解放军护理杂志，2018，35（2）：34-38.

[131]高向东，牟宇峰.大城市社区0~3岁婴幼儿教养现状及对策思考——以上海市闵行区为例[J].上海教育科研，2009（7）：8-11.

[132]但菲，矫佳凝."二孩政策"实施背景下家长对托育服务品质的需求[J].学前教育研究，2020（12）：32-42.

[133]左本琴，周平.家长选择民办亲子园的原因及其评价调查[J].学前教育研究，2009（11）：60-63.

[134]司马童.早教市场该降降"虚火"[N].中国教育报，2016-06-30.

[135]刘霖芳.我国早教机构发展中存在的问题及对策[J].教育探索，2012（10）：138-140.

[136]莫丽萍.0-3岁托育机构快些迭代升级[N].黑龙江日报，2021-12-09.

[137]杨帆.家长对社区早期教育服务满意度的现状调查[D].沈阳：沈阳师范大学，2020.

附录1 0至3岁儿童保教服务满意度的家长问卷

敬爱的家长们，你们好！因科学研究的需要，调查您对全面二孩政策下0至3岁儿童保育及教育服务满意度的认识。我们的调查是匿名的，确定调查结果只做研究使用。请您在最符合您想法的一项中勾选。非常感谢您的配合！

基本信息：

1.您的性别（　　　）。

A.男　　　　　　　　　　B.女

2.您的年龄（　　　）。

A.20~30岁　　　　　　　B.31~40岁　　　　　　　C.41岁及以上

3.您的收入是（　　　）。

A.3000元以下　　　　　　B.3000~6000元　　　　　C.6000元以上

4.要二孩情况是（　　　）。

A.打算要二孩　　　　　　B.已经有二孩　　　　　　C.不打算要二孩

试题主要部分：

1.您对保障0至3岁儿童接受高质量早期保育和教育的相关制度及政策（如《托儿所、幼儿园卫生健制度》等制度）的满意程度。（　　　）

A.非常满意　　　　B.一般满意　　　　C.有些不满意　　　　D.非常不满意

2.您关于早教机构对0至3岁儿童早期保育和教育收费方面的满意程度。（如有关0至3岁儿童托儿所或早教机构的收费规定）（　　　）

A.非常满意　　　　B.一般满意　　　　C.有些不满意　　　　D.非常不满意

3.您对0至3岁儿童早教机构中早教课程设计的满意程度。（早教机构开设的早教课程，例如，口才秀、音乐天才、数学思维等，您认为符合婴幼儿的年龄吗？是否全面？）（　　　）

A.非常满意　　　　B.一般满意　　　　C.有些不满意　　　　D.非常不满意

4.您对0至3岁儿童的早教教师或其他早教工作人员素质的满意程度。（如您知道的早教工作人员是否具有育婴师或幼教从业资格证书等）（　　　）

A.非常满意　　　　B.一般满意　　　　C.有些不满意　　　　D.非常不满意

5.您对早教机构中早教教师与0至3岁儿童比例的满意程度。（如教师与婴幼儿比例是在1∶10以下吗？）（　　　）

A.非常满意　　　　B.一般满意　　　　C.有些不满意　　　　D.非常不满意

6.您对游戏融入各项早教活动中的满意程度。（如是否让0至3岁儿童在玩游戏的过程中学习？能否将婴幼儿的学习和游戏结合起来？）（　　　）

A.非常满意　　　　B.一般满意　　　　C.有些不满意　　　　D.非常不满意

7.您对早教教师或其他保教工作者与0至3岁儿童之间以及儿童之间的关系和互动交流的满意程度。（如是否教师和儿童相互喜欢？是否教师能够与每个孩子互动且效果较好？儿童之间是否也互相喜欢？）（　　　）

A.非常满意　　　　B.一般满意　　　　C.有些不满意　　　　D.非常不满意

8.您对早教机构或社区与0至3岁儿童家庭关系的满意程度。（如早教机构与家长讨论孩子成长的需要和问题，并给家长建议）（　　　）

A.非常满意　　　　B.一般满意　　　　C.有些不满意　　　　D.非常不满意

9.您对参与过的早教活动的次数及质量的满意程度。（如家长是否经常参与有关0至3岁儿童的保育和教育？参与的效果是否明显？）（　　　）

A.非常满意　　　　B.一般满意　　　　C.有些不满意　　　　D.非常不满意

10.您对参加过的早教活动的实施情况的满意程度。[如整个活动过程中孩子都很感兴趣，积极参与；且孩子的各方面（例如，养成健康的习惯，与人交往

的能力，喜欢学习）都得以发展]（　　　）

A.非常满意　　　　B.一般满意　　　　C.有些不满意　　　　D.非常不满意

11.参加过的早教活动或家庭养育中，对0至3岁儿童的营养喂养，预防常见疾病，促进其身体发育产生的影响。对此您的满意程度如何？（　　　）

A.非常满意　　　　B.一般满意　　　　C.有些不满意　　　　D.非常不满意

12.在早教活动或家庭保教中，0至3岁儿童的看、听、嗅、触摸和身体运动能力所产生的影响，对此您的满意程度如何？（　　　）

A.非常满意　　　　B.一般满意　　　　C.有些不满意　　　　D.非常不满意

13.在家庭养育或其他早教活动中，对0至3岁儿童解决问题及听说读写能力产生的影响，对此您的满意程度如何？（　　　）

A.非常满意　　　　B.一般满意　　　　C.有些不满意　　　　D.非常不满意

14.在家庭养育或其他早教活动中，对0至3岁儿童调节喜怒哀乐及与人交往能力产生的影响，对此您的满意程度如何？（　　　）

A.非常满意　　　　B.一般满意　　　　C.有些不满意　　　　D.非常不满意

15.在家庭养育或其他早教活动中，对0至3岁儿童今后进入幼儿园准备方面所产生的影响，对此您的满意程度如何？（　　　）

A.非常满意　　　　B.一般满意　　　　C.有些不满意　　　　D.非常不满意

附录2 0至3岁儿童保教质量保障措施及保教需求的访谈提纲——针对家长

访谈提纲：

1.您家有几个孩子？第几个孩子是0至3岁？

2.您通过什么方式保障在家庭中能够养育好0至3岁儿童？

3.请举例说明您养育儿童的成功案例。

4.您对儿童早期保教有哪些需求？（提醒：社区或是早教机构等提供的社会早教服务的需求，家庭保教方面的需求等）

5.请举例说明您希望谁通过什么方式保障0至3岁儿童的身体和心理健康发展。

附录3 0至3岁儿童保教质量保障措施及保教需求的访谈提纲——针对早教机构管理者与教师

针对早教管理者：

1.作为早教管理者，您关于0至3岁儿童早期保教有哪些需求？

2.您认为要做好0至3岁儿童早期保教工作，早教机构还需要来自谁的哪些方面的帮助和支持？

3.请举例说明早教机构通过什么方式保障0至3岁儿童早期保教质量。（可以

从环境创设、早教教师的招募与培养、与家长的互动及其他管理措施方面说明）

4.请举例说明为保障儿童早期保教质量，管理早教机构的成功经验。

针对早教教师：

1.作为早教教师，您关于0至3岁儿童早期保教的需求有哪些？

2.您认为要做好0至3岁儿童早期保教工作，早教教师需要来自谁的哪些方面的帮助和支持？

3.请举例说明保障0至3岁儿童早期保教质量的具体措施有哪些？

4.请举例说明为保障儿童早期保教质量，您在早期保教实践活动中的成功经验。

附录4 0至3岁儿童保教质量保障措施的访谈提纲——针对学前教育教研员等管理者

1.作为教研员，您知道哪些有关0至3岁儿童保教质量保障的政策？你对这些政策的看法如何？

2.您认为要保障新疆地区0至3岁儿童早期保育及教育质量，在政策及制度层面还有哪些需要补充的呢？

3.就您的工作职责来看，做好0至3岁儿童早期保教工作还需要来自谁的哪些方面的帮助和支持？

4.在您的工作中，采取了哪些保障0至3岁儿童早期保教质量的具体措施？（如果有，请举例说明）

附录5　0至3岁儿童保教质量保障措施及保教需求的访谈提纲——针对社区工作人员

1.就您的工作职责来看，做好0至3岁儿童早期保教工作还需要来自谁的哪些方面的帮助和支持?

2.请举例说明保障0至3岁儿童早期保教质量的具体措施有哪些。

3.为保障儿童早期保教质量，请举例说明社区都开展了哪些活动。

附录6　0至3岁儿童保教质量保障措施的访谈提纲——针对高等师范院校学前教育专业教师

1.就您的工作职责来看，做好0至3岁儿童早期保教工作还需要来自谁的哪些方面的帮助和支持?

2.为保障0至3岁儿童早期保教质量，请举例说明应该采取哪些具体措施。